C# 4.0

kurz & gut

Joseph Albahari & Ben Albahari

Aktualisierung von Lars Schulten

O'REILLY®

Beijing · Cambridge · Farnham · Köln · Sebastopol · Taipei · Tokyo

Kommentare und Fragen können Sie gerne an uns richten:
O'Reilly Verlag
Balthasarstr. 81
50670 Köln
E-Mail: kommentar@oreilly.de

1. Auflage 2008
2. Auflage 2010

Die Originalausgabe erschien 2008 unter dem Titel
C# 3.0 Pocket Reference, 2nd Edition bei O'Reilly Media, Inc.

Bibliografische Information Der Deutschen Nationalbibliothek
Die Deutsche Nationalbibliothek verzeichnet diese Publikation in der Deutschen Nationalbibliografie; detaillierte bibliografische Daten sind im Internet über *http://dnb.d-nb.de* abrufbar.

Übersetzung und deutsche Bearbeitung: Thomas Demmig, Mannheim
Aktualisierung auf C# 4.0: Lars Schulten, Köln
Lektorat: Alexandra Follenius & Susanne Gerbert, Köln
Korrektorat: Sibylle Feldmann, Düsseldorf
Satz: III-satz, www.drei-satz.de
Umschlaggestaltung: Karen Montgomery, Sebastopol & Michael Oreal, Köln
Produktion: Karin Driesen, Köln
Druck: fgb freiburger graphische betriebe; www.fgb.de

ISBN 978-3-89721-560-3

Dieses Buch ist auf 100% chlorfrei gebleichtem Papier gedruckt.

Inhalt

C# 4.0 – kurz & gut ... 5
- Was ist neu in C# 4.0? ... 5
- Ein erstes C#-Programm ... 7
- Syntax ... 11
- Typ-Grundlagen ... 14
- Numerische Typen ... 24
- Boolescher Typ und Boolesche Operatoren ... 34
- Strings und Zeichen ... 36
- Arrays ... 39
- Variablen und Parameter ... 45
- Ausdrücke und Operatoren ... 55
- Anweisungen ... 60
- Namensräume ... 70
- Klassen ... 74
- Vererbung ... 88
- Der Typ object ... 97
- Structs ... 102
- Zugriffsmodifikatoren ... 104
- Interfaces ... 106
- Enums ... 111
- Eingebettete Typen ... 114
- Generics ... 115
- Delegates ... 127
- Events ... 133
- Lambda-Ausdrücke ... 139

Anonyme Methoden 144
try-Anweisungen und Exceptions 144
Enumeration und Iteratoren 152
Nullbare Typen 158
Überladen von Operatoren 163
Extension-Methoden 167
Anonyme Typen 169
LINQ 170
Dynamische Typen (C# 4.0) 195
Attribute 197
Unsicherer Code und Zeiger 201
Präprozessor-Direktiven 206
XML-Dokumentation 209
Überblick über das Framework 212

Index 229

C# 4.0 – kurz & gut

C# ist eine allgemein anwendbare, typsichere, objektorientierte Programmiersprache, die die Produktivität des Programmierers erhöhen soll. Zu diesem Zweck versucht die Sprache, die Balance zwischen Einfachheit, Ausdrucksfähigkeit und Performance zu finden. Die Sprache C# ist plattformneutral, wurde aber geschrieben, um gut mit dem Microsoft .NET Framework zusammenzuarbeiten.

Was ist neu in C# 4.0?

Nachdem C# 3.0 die Arbeit mit Datenstrukturen zum Thema hatte, dreht sich bei C# 4.0 alles um die Interaktion mit dynamischen Programmiersprachen. Die Neuerungen scheinen zunächst weniger umfassend und tiefgreifend, sind auf andere Art aber ähnlich spektakulär. C# 3.0 öffnete die Sprache funktionalen und deklarativen Elementen, C# 4.0 öffnet sie dynamischen Elementen.

Die neuen Sprachfunktionen fallen in vier Kategorien:

- Dynamische Operationen
- Vereinfachung der COM-Interaktion
- Optionale und benannte Parameter
- Kovarianz und Kontravarianz generischer Typen

Dynamische Operationen stellen einen kleinen Paradigmenwechsel für C# dar: Sie lockern die strikte statische Typisierung der Sprache. Das vereinfacht die Interaktion mit dynamischen Programmiersprachen sowie die Arbeit mit Datenquellen, die Objekte liefern, deren Typen zur Kompilierzeit nicht bekannt sind.

Die Integration dynamischer Elemente hat zwei Bestandteile: einen neuen statischen Typ, `dynamic`, der dafür sorgt, dass die Prüfung und Auflösung der entsprechenden Operationen bis zur Laufzeit aufgeschoben wird, und einen neuen Namensraum, `System.Dynamic`, der Interfaces und Klassen für die Unterstützung dynamischer Aufrufe definiert.

Optionale Parameter müssen beim Methodenaufruf nicht angegeben werden, weil bei der Methodendefinition bereits ein Standardwert vorgegeben wurde. Dieser wird verwendet, wenn kein Wert für diesen Parameter übergeben wird, z.B.:

```
void do (string what, int times = 1) {...}
```

Benannte Parameter werden anhand des angegebenen Parameternamens zugeordnet, nicht anhand der Position der Parameter im Aufruf:

```
do (what : "Something", times : 3);
```

Gemeinsam vereinfachen optionale und benannte Parameter die Arbeit mit COM-APIs, die viele, teilweise optionale Parameter verlangen. Sie können außerdem eingesetzt werden, um Methodenüberladungen zu reduzieren, die nur dazu dienen, Methoden mit Standardargumenten aufzurufen.

Neben den zuvor erläuterten allgemein nutzbaren Neuerungen gibt es einige neue Sprachfeatures, die gezielt der *Vereinfachung der COM-Interaktion* dienen.

- COM-APIs können so importiert werden, dass Variant-Typen als `dynamic` geliefert werden. Es kann also direkt auf zurückgelieferte Objekte zugegriffen werden, ohne dass Typumwandlungen erforderlich sind.
- `ref`-Parameter können jetzt per Wert angegeben werden und werden transparent als Referenzen übergeben.

Da das spezielle Feld der COM-Programmierung in diesem Buch nicht behandelt wird, werden wir auf diese Neuerungen nicht im Detail eingehen.

Kovarianz und Kontravarianz bereinigen eine gelegentlich der Intuition widerstrebende Eigenschaft generischer Typen. Vor C# 4.0

waren generische Typen generell nicht kovariant, da das die Typsicherheit verletzen könnte, z.B.:

```
List<string> ls = new List<string>();
List<object> lo = ls; // Kompiliert nicht, da dann
lo.Add(1);            // dies zulässig wäre.
```

Bei generischen Typen, bei denen Objekte des generischen Typs nur auf der Eingabeseite oder nur auf der Ausgabeseite verwendet werden, besteht diese Gefahr nicht. Ein `IEnumerable<string>` könnte sicher als `IEnumerable<object>` verwendet werden, ebenso umgekehrt ein `IComparer<object>` als `IComparer<string>`. In C# 4.0 wird das für Interfaces und Delegates möglich. Außerdem können eigene generische Interface- und Delegate-Typen so definiert werden, dass sie Kovarianz und/oder Kontravarianz unterstützen.

Ein erstes C#-Programm

Dies ist ein Programm, das das Ergebnis von 12 × 30 ermittelt und das Ergebnis (360) ausgibt. Der doppelte Schrägstrich (Slash) gibt an, dass der Rest einer Zeile ein *Kommentar* ist.

```
using System;                     // Namensraum importieren

class Test                        // Klassendeklaration
{
  static void Main()              //   Methodendeklaration
  {
    int x = 12 * 30;              //     Anweisung 1
    Console.WriteLine (x);        //     Anweisung 2
  }                               //   Ende der Methode
}                                 // Ende der Klasse
```

Im Kern dieses Programms gibt es zwei *Anweisungen*. Anweisungen in C# werden sequenziell ausgeführt. Jede Anweisung wird durch ein Semikolon beendet:

```
int x = 12 * 30;
Console.WriteLine (x);
```

Die erste Anweisung berechnet den *Ausdruck* `12 * 30` und speichert das Ergebnis in einer *lokalen Variablen* mit dem Namen `x`, die ganzzahlig ist. Die zweite Anweisung ruft die Methode `WriteLine` der

Klasse `Console` auf, um die Variable `x` in einem Konsolenfenster auf dem Bildschirm auszugeben.

Eine *Methode* führt eine Aktion als eine Abfolge von Anweisungen aus, die als *Anweisungsblock* bezeichnet werden – ein (geschweiftes) Klammernpaar mit null oder mehr Anweisungen. Wir haben eine einzelne Methode mit dem Namen `Main` definiert:

```
static void Main( )
{
  ...
}
```

Das Schreiben von High-Level-Funktionen, die Low-Level-Funktionen aufrufen, vereinfacht ein Programm. Wir können unser Programm refaktorieren, indem wir eine wiederverwendbare Methode schreiben, die einen Integer-Wert mit 12 multipliziert:

```
using System;

class Test
{
  static void Main( )
  {
    Console.WriteLine (FeetToInches (30));     // 360
    Console.WriteLine (FeetToInches (100));    // 1200
  }

  static int FeetToInches (int feet)
  {
    int inches = feet * 12;
    return inches;
  }
}
```

Eine Methode kann *Eingabedaten* vom Aufrufenden erhalten, indem sie *Parameter* spezifiziert, und Daten zurück an den Aufrufenden geben, indem sie einen *Rückgabetyp* festlegt. Wir haben eine Methode `FeetToInches` definiert, die einen Parameter für die Übergabe der Feet und einen Rückgabetyp für die berechneten Inches hat:

```
static int InchesToFeet (int feet) {...}
```

Die *Literale* `30` und `100` sind die *Argumente*, die an die Methode `FeetToInches` übergeben wurden. Die Methode `Main` hat in unserem

Beispiel leere Klammern, da sie keine Parameter besitzt, und sie ist void, weil sie keinen Wert an den Aufrufenden zurückliefert:

```
static void Main()
```

C# erkennt eine Methode mit dem Namen Main als Angabe des Standardeinstiegspunkts für die Ausführung. Die Methode Main kann optional einen Integer-Wert zurückgeben (statt void), um der Ausführungsumgebung einen Wert zu übermitteln. Sie kann auch optional ein Array mit String-Argumenten erwarten (das dann durch die Argumente gefüllt wird, die an die ausführbare Datei übergeben werden). Ein Beispiel:

```
static int Main (string[] args) {...}
```

HINWEIS

Ein Array (wie zum Beispiel string[]) steht für eine feste Zahl an Elementen eines bestimmten Typs (siehe den weiter unten folgenden Abschnitt »Arrays«).

Methoden sind eine der vielen Arten von Funktionen in C#. Eine andere Art von Funktionen, die wir verwendet haben, war der **-Operator*, der dazu dient, Multiplikationen auszuführen. Des Weiteren gibt es noch *Konstruktoren*, *Eigenschaften*, *Events*, *Indexer* und *Finalizer*.

In unserem Beispiel sind die beiden Methoden in einer Klasse zusammengefasst. Eine *Klasse* gruppiert Funktions-Member und Daten-Member zu einem objektorientierten Building-Block. Die Klasse Console fasst Member zusammen, die Funktionalität zur Ein- und Ausgabe an der Befehlszeile bieten, wie zum Beispiel die Methode WriteLine. Unsere Klasse Test fasst zwei Methoden zusammen – Main und FeetToInches. Eine Klasse ist eine Art von *Typ*; dies wird später im Abschnitt »Typ-Grundlagen« genauer erläutert.

Auf oberster Programmebene sind Typen in *Namensräumen* organisiert. Die Direktive using hat den Namensraum System für unsere Anwendung verfügbar gemacht, daher konnten wir auf System.Console ohne das Präfix System. zugreifen. Wir könnten alle unsere Klassen im Namensraum TestPrograms definieren:

```
using System;

namespace TestPrograms
{
  class Test  {...}
  class Test2 {...}
}
```

Das .NET Framework ist in hierarchischen Namensräumen organisiert. Dies ist zum Beispiel der Namensraum, der die Typen für den Umgang mit Text enthält:

```
using System.Text;
```

Die Direktive `using` dient der Bequemlichkeit – Sie können einen Typ auch über seinen vollständig qualifizierten Namen ansprechen. Das ist der Name des Typs, dem sein Namensraum vorangestellt ist, zum Beispiel `System.Text.StringBuilder`.

Kompilieren

Der C#-Compiler kompiliert Quellcode, der in einer Reihe von Dateien mit der Endung *.cs* untergebracht ist, in eine Assembly. Eine *Assembly* ist die Verpackungs- und Auslieferungseinheit in .NET und kann entweder eine Anwendung oder eine Bibliothek sein. Eine normale Konsolen- oder Windows-*Anwendung* hat eine `Main`-Methode und ist eine *.exe*-Datei. Eine *Bibliothek* ist eine *.dll*-Datei – im Prinzip eine *.exe*-Datei ohne Einsprungpunkt. Ihr Zweck ist, von einer Anwendung oder anderen Bibliotheken aufgerufen (referenziert) zu werden. Das .NET Framework ist eine Sammlung von Bibliotheken.

Der Name des C#-Compilers ist *csc.exe*. Sie können entweder eine IDE wie zum Beispiel Visual Studio .NET nutzen, damit csc automatisch aufgerufen wird, oder den Compiler selbst per Hand über die Befehlszeile aufrufen. Um manuell zu kompilieren, speichern Sie ein Programm zunächst in einer Datei wie zum Beispiel *MyFirstProgram.cs* und rufen dann csc auf (zu finden unter *<windows>/Microsoft.NET/Framework*):

```
csc MyFirstProgram.cs
```

Damit wird eine Anwendung namens *MyFirstProgram.exe* geschaffen. Um eine Bibliothek (*.dll*) zu erhalten, geben Sie das Folgende ein:

```
csc /target:library MyFirstProgram.cs
```

Syntax

Die Syntax von C# basiert auf der von C und C++. In diesem Abschnitt beschreiben wir die C#-Elemente der Syntax anhand des folgenden Programms:

```
using System;

class Test
{
  static void Main( )
  {
    int x = 12 * 30;
    Console.WriteLine (x);
  }
}
```

Bezeichner und Schlüsselwörter

Bezeichner sind Namen, die Programmierer für ihre Klassen, Methoden, Variablen und so weiter wählen. Dies sind die Bezeichner in unserem Beispielprogramm in der Reihenfolge ihres Auftretens:

```
System   Test   Main   x   Console   WriteLine
```

Ein Bezeichner muss ein ganzes Wort sein und aus Unicode-Zeichen bestehen, wobei der Anfang ein Buchstabe oder der Unterstrich ist. C#-Bezeichner unterscheiden Groß- und Kleinschreibung. Es ist üblich, Argumente, lokale Variablen und private Felder in Camel Case zu schreiben (zum Beispiel `myVariable`) und alle anderen Bezeichner in Pascal-Schreibweise (zum Beispiel `MyMethod`).

Schlüsselwörter sind Namen, die vom Compiler reserviert sind und die Sie nicht als Bezeichner nutzen können. Das sind die Schlüsselwörter in unserem Beispielprogramm:

```
using   class   static   void   int
```

Dies ist die vollständige Liste der C#-Schlüsselwörter:

abstract	enum	long	stackalloc
as	event	namespace	static
base	explicit	new	string
bool	extern	null	struct
break	false	object	switch
byte	finally	operator	this
case	fixed	out	throw
catch	float	override	true
char	for	params	try
checked	foreach	private	typeof
class	goto	protected	uint
const	if	public	ulong
continue	implicit	readonly	unchecked
decimal	in	ref	unsafe
default	int	return	ushort
delegate	interface	sbyte	using
do	internal	sealed	virtual
double	is	short	void
else	lock	sizeof	while

Vermeiden von Konflikten

Wenn Sie wirklich einen Bezeichner nutzen wollen, der mit einem Schlüsselwort in Konflikt geraten würde, können Sie ihn mit dem Präfix @ auszeichnen:

```
class class  {...}      // illegal
class @class {...}      // legal
```

Das Zeichen @ gehört nicht zum Bezeichner selbst, daher ist @myVariable das Gleiche wie myVariable.

Kontextabhängige Schlüsselwörter

Manche Schlüsselwörter sind *kontextabhängig*, sie können auch als Bezeichner verwendet werden – ohne das @. Dies sind die kontextabhängigen Schlüsselwörter:

add	get	let	set
ascending	global	on	value
by	group	orderby	var
descending	in	partial	where
equals	into	remove	yield
from	join	select	

Bei den kontextabhängigen Schlüsselwörtern kann es innerhalb des verwendeten Kontexts keine Mehrdeutigkeit geben.

Literale, Satzzeichen und Operatoren

Literale sind einfache Daten, die statisch im Programm verwendet werden. Die Literale in unserem Beispielprogramm sind 12 und 30.

Die *Satzzeichen* helfen dabei, die Struktur des Programms abzugrenzen. Dies sind die Satzzeichen in unserem Beispielprogramm:

```
; { }
```

Das Semikolon wird verwendet, um einen Befehl zu beenden. So kann eine Anweisung auch über mehrere Zeilen gehen:

```
Console.WriteLine
  (1 + 2 + 3 + 4 + 5 + 6 + 7 + 8 + 9 + 10);
```

Die geschweiften Klammern werden genutzt, um mehrere Anweisungen zu einem Anweisungsblock zusammenzufassen.

Operatoren sorgen für eine Umwandlung und eine Kombination von Ausdrücken. Die meisten Operatoren in C# werden durch Zeichen dargestellt, wie zum Beispiel der Multiplikationsoperator *. Wir werden Operatoren noch detaillierter in diesem Buch behandeln. In unserem Beispielprogramm gibt es folgende Operatoren:

```
. () * =
```

Der Punkt bezieht sich auf ein Member von etwas. Die Klammern werden genutzt, wenn man eine Methode deklariert oder aufruft – leere Klammern kommen dann ins Spiel, wenn die Methode keine Argumente benötigt. Das Gleichheitszeichen wird für *Zuweisungen* genutzt (das doppelte Gleichheitszeichen == dient dem Test auf Gleichheit).

Kommentare

C# stellt zwei Arten von Quellcode-Dokumentation bereit: einzeilige und mehrzeilige Kommentare. Ein einzeiliger Kommentar beginnt mit einem doppelten Schrägstrich (Slash) und geht bis zum Ende der Zeile:

```
int x = 3;    // Kommentar über das Zuweisen von 3 an x
```

Ein mehrzeiliger Kommentar beginnt mit /* und endet mit */:

```
int x = 3;    /* dies ist ein Kommentar, der
                 über zwei Zeilen geht */
```

Kommentare können XML-Tags zur Dokumentation enthalten (siehe den Abschnitt »XML-Dokumentation«).

Typ-Grundlagen

Ein *Typ* definiert die Vorlage für einen Wert. Ein *Wert* ist ein Speicherort, der durch eine Variable oder eine Konstante bezeichnet wird. Eine *Variable* steht für einen Wert, der sich ändern kann, während eine *Konstante* einen festen Wert darstellt. Wir haben in unserem ersten Programm eine lokale Variable namens x erzeugt:

```
static void Main()
{
  int x = 12 * 30;
  Console.WriteLine (x);
}
```

Alle Werte sind in C# *Instanzen* eines bestimmten Typs. Die Bedeutung eines Werts und die Menge an möglichen Werten, die eine Variable haben kann, wird durch ihren Typ bestimmt. Der Typ von x ist int.

Beispiele für vordefinierte Typen

Vordefinierte Typen sind solche, die besonders vom Compiler unterstützt werden. Der Typ `int` ist ein vordefinierter einfacher (primitiver) Typ, der die Menge der Ganzzahlen darstellen kann, die in einen 32-Bit-Speicher passen – von -2^{31} bis $2^{31}-1$. Wir können zum Beispiel arithmetische Funktionen mit Instanzen des Typs `int` durchführen:

```
int x = 12 * 30;
```

Ein weiterer vordefinierter Typ in C# ist `string`. Der Typ `string` repräsentiert eine Folge von Zeichen, wie zum Beispiel ».NET« oder »http://oreilly.com«. Wir können Strings bearbeiten, indem wir ihre Funktionen aufrufen:

```
string message = "Hallo Welt";
string upperMessage = message.ToUpper( );
Console.WriteLine (upperMessage);        // HALLO WELT

int x = 2007;
message = message + x.ToString( );
Console.WriteLine (message);             // Hallo Welt2007
```

Der primitive Typ `bool` hat genau zwei mögliche Werte: `true` und `false`. `bool` wird häufig verwendet, um zusammen mit der `if`-Anweisung Befehle nur bedingt ausführen zu lassen:

```
bool simpleVar = false;
if (simpleVar)
  Console.WriteLine ("Das wird nicht ausgegeben");

int x = 5000;
bool lessThanAMile = x < 5280;
if (lessThanAMile)
  Console.WriteLine ("Das wird ausgegeben");
```

HINWEIS

In C# werden vordefinierte Typen (auch als *eingebaute Typen* bezeichnet) durch ein C#-Schlüsselwort repräsentiert. Der Namensraum `System` im .NET Framework enthält viele wichtige Typen, die C# nicht vordefiniert (zum Beispiel `DateTime`).

Beispiele für selbst definierte Typen

So, wie wir komplexe Funktionen aus einfachen Funktionen aufbauen können, können wir auch komplexe Typen aus primitiven Typen aufbauen. In diesem Beispiel werden wir einen eigenen Typ namens `UnitConverter` definieren – eine Klasse, die als Vorlage für die Umwandlung von Einheiten dient:

```
using System;

public class UnitConverter
{
  int ratio;                               // Feld

  public UnitConverter (int unitRatio)     // Konstruktor
    { ratio = unitRatio; }

  public int Convert (int unit)            // Methode
    { return unit * ratio; }
}

class Test
{
  static void Main()
  {
    UnitConverter feetToInches = new UnitConverter(12);
    UnitConverter milesToFeet = new UnitConverter(5280);

    Console.Write (feetToInches.Convert(30));    // 360
    Console.Write (feetToInches.Convert(100));   // 1200
    Console.Write (feetToInches.Convert
                     (milesToFeet.Convert(1)));  // 63360
  }
}
```

Member eines Typs

Ein Typ enthält *Daten-Member* und *Funktions-Member*. Der Daten-Member von `UnitConverter` ist das *Feld* mit dem Namen `ratio`. Die Funktions-Member von `UnitConverter` sind die Methode `Convert` und der Konstruktor von `UnitConverter`.

Symmetrie von vordefinierten und selbst definierten Typen

Das Schöne an C# ist, dass vordefinierte und selbst definierte Typen wenig Unterschiede aufweisen. Der primitive Typ `int` dient als Vorlage für Ganzzahlen (Integer). Er speichert Daten – 32 Bit – und stellt Funktions-Member bereit, die diese Daten verwenden, wie zum Beispiel `ToString`. Genauso dient unser selbst definierter Typ `UnitConverter` als Vorlage für die Einheitenumrechnung. Er enthält Daten – das Verhältnis zwischen den Einheiten – und stellt Funktions-Member bereit, die diese Daten nutzen.

Konstruktoren und Instantiierung

Daten werden erzeugt, indem man einen Typ *instantiiert*. Primitive Typen können einfach mit einem Literal instantiiert werden. So instantiiert zum Beispiel die folgende Zeile zwei Integer-Werte (`12` und `30`), die dann genutzt werden, um eine dritte Instanz `x` zu berechnen:

```
int x = 12 * 30;
```

Der Operator `new` wird gebraucht, um eine neue Instanz eines selbst definierten Typs zu erzeugen. Wir haben eine Instanz des Typs `UnitConverter` mit dieser Anweisung deklariert und instantiiert:

```
UnitConverter feetToInchesConverter =
  new UnitConverter(12);
```

Direkt nachdem der Operator `new` ein Objekt instantiiert hat, wird der Konstruktor des Objekts aufgerufen, um die Initialisierung durchzuführen. Ein Konstruktor ist wie eine Methode definiert, nur dass der Name und der Rückgabewert des Typs auf den Namen des entsprechenden Typs reduziert werden:

```
public class UnitConverter
{
  ...
  public UnitConverter (int r)   // Konstruktor
    { ratio = r; }
  ...
}
```

Instanz-Member versus statische Member

Die Daten-Member und die Funktions-Member, die mit der *Instanz* des Typs arbeiten, werden als Instanz-Member bezeichnet. Die Methode `Convert` von `UnitConverter` und die Methode `ToString` von `int` sind Beispiele für solche Instanz-Member. Standardmäßig sind Member Instanz-Member.

Daten-Member und Funktions-Member, die nicht mit der Instanz des Typs arbeiten, sondern mit dem Typ selbst, müssen als `static` gekennzeichnet werden. Die Methoden `Test.Main` und `Console.WriteLine` sind statische Methoden. Die Klasse `Console` ist sogar eine *statische Klasse*, bei der *alle* Member statisch sind. Sie erzeugen tatsächlich nie Instanzen von `Console` – eine einzige Konsole wird in der gesamten Anwendung verwendet.

Der Unterschied zwischen Instanz- und statischen Membern ist folgender: Das Instanz-Feld `Name` gehört zu einer Instanz eines bestimmten `Panda`, während `Population` zur Menge aller `Panda`-Instanzen gehört:

```
using System;

public class Panda
{
  public string Name;               // Instanz-Feld
  public static int Population;     // statisches Feld

  public Panda (string n)        // Konstruktor
  {
    Name = n;                    // Instanz-Feld zuweisen
    Population = Population+1;   // statisches Feld erhöhen
  }
}
```

Der folgende Code erzeugt zwei Instanzen von `Panda`, gibt ihre Namen und dann die Gesamtpopulation aus:

```
Panda p1 = new Panda ("Pan Dee");
Panda p2 = new Panda ("Pan Dah");

Console.WriteLine (p1.Name);       // Pan Dee
Console.WriteLine (p2.Name);       // Pan Dah

Console.WriteLine (Panda.Population);    // 2
```

Das Schlüsselwort public

Das Schlüsselwort `public` macht Member für andere Klassen zugänglich. Wenn in diesem Beispiel das Feld `Name` in `Panda` nicht öffentlich gewesen wäre, hätte die Klasse `Test` es nicht ansprechen können. Das »Öffentlichmachen« eines Members durch `public` lässt einen Typ sagen: »Das hier will ich andere Typen sehen lassen – alles andere sind meine privaten Implementierungsdetails.« In objektorientierten Begriffen sagen wir, dass die öffentlichen Member die privaten Member der Klasse *kapseln*.

Umwandlungen

C# kann zwischen Instanzen kompatibler Typen konvertieren – *implizit* und *explizit*. Eine Konvertierung erstellt immer aus einem bestehenden Wert einen neuen. Konvertierungen können entweder implizit oder explizit sein – implizite Konvertierungen werden automatisch vorgenommen, während explizite Konvertierungen ein *Casting* brauchen. Im folgenden Beispiel konvertieren wir implizit ein `int` in einen `long`-Typ (der die doppelte Kapazität von `int` hat) und explizit ein `int` in einen `short`-Typ (der nur die halbe Kapazität von `int` hat):

```
int x = 123456;      // int ist ein 32-Bit-Integer
long y = x;          // implizite Konvertierung nach 64 Bit
short z = (short)x;  // explizite Konvertierung nach 16 Bit
```

Implizite Konvertierungen sind dann erlaubt, wenn:

- der Compiler garantieren kann, dass sie immer erfolgreich sein werden *und* bei der Konvertierung keine Informationen verloren gehen.

Im Gegensatz dazu sind *explizite* Konvertierungen notwendig, wenn:

- der Compiler nicht garantieren kann, dass sie immer erfolgreich sind, *oder* Informationen bei der Konvertierung verloren gehen können.

Die meisten Konvertierungen sind in die Sprache eingebaut, wie zum Beispiel die eben gezeigten numerischen Konvertierungen. Gelegentlich ist es nützlich, *eigene Konvertierungen* zu schreiben (siehe den Abschnitt »Überladen von Operatoren«).

Werte-Typen versus Referenz-Typen

Alle C#-Typen gehören zu einer der folgenden Kategorien:

- Werte-Typen
- Referenz-Typen
- Zeiger-Typen

Werte-Typen enthalten die meisten eingebauten Typen (genauer alle numerischen Typen sowie die Typen `char` und `bool`), aber auch selbst definierte `struct`- und `enum`-Typen.

Referenz-Typen enthalten alle Klassen-, Array-, Delegate- und Interface-Typen.

Der prinzipielle Unterschied zwischen Werte-Typen und Referenz-Typen ist ihre Behandlung im Arbeitsspeicher. Zeiger-Typen gehören nicht zur normalen C#-Nutzung (siehe den Abschnitt »Unsicherer Code und Zeiger«).

Werte-Typen

Der Inhalt einer *Werte-Typ*-Variablen oder -Konstanten ist einfach ein Wert. So besteht zum Beispiel der Inhalt des eingebauten Werte-Typs `int` aus 32 Bit mit Daten.

Sie können einen selbst definierten Werte-Typ mithilfe des Schlüsselworts `struct` definieren (siehe Abbildung 1).

```
public struct Point { public int X, Y; }
```

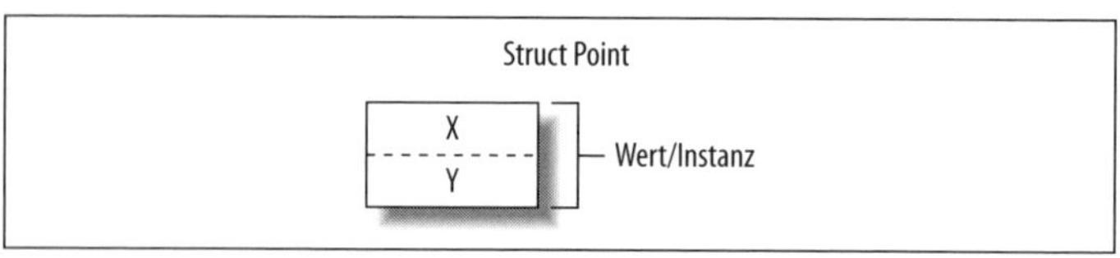

Abbildung 1: Eine Werte-Typ-Instanz im Arbeitsspeicher

Das Zuweisen einer Werte-Typ-Instanz *kopiert* immer die Instanz:

```
Point p1 = new Point( );
p1.X = 7;

Point p2 = p1;                // Zuweisen sorgt für Kopie

Console.WriteLine (p1.X);     // 7
Console.WriteLine (p2.X);     // 7

p1.X = 9;                     // Ändert p1.X

Console.WriteLine (p1.X);     // 9
Console.WriteLine (p2.X);     // 7
```

Abbildung 2 zeigt, dass `p1` und `p2` unabhängig voneinander gespeichert werden.

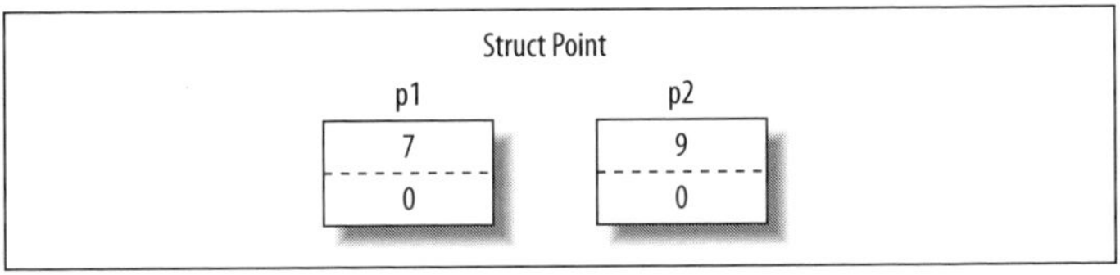

Abbildung 2: Das Zuweisen einer Werte-Typ-Instanz sorgt für eine Kopie

Referenz-Typen

Ein Referenz-Typ ist komplexer als ein Werte-Typ. Er besteht aus zwei Teilen: einem *Objekt* und der *Referenz* auf dieses Objekt. Der Inhalt einer Referenz-Typ-Variablen oder -Konstanten ist eine Referenz auf ein Objekt, das den Wert enthält. Hier ist der Typ `Point` aus unserem vorigen Beispiel von einem Struct in eine Klasse umgeschrieben worden (siehe Abbildung 3).

```
public class Point { public int X, Y; }
```

Durch das Zuweisen einer Referenz-Typ-Variablen wird die Referenz kopiert, nicht die Objekt-Instanz. Damit ist es möglich, mit mehreren Variablen auf das gleiche Objekt zu verweisen – etwas, das mit Werte-Typen normalerweise nicht geht. Wenn wir das vorige Beispiel wiederholen, diesmal aber mit Point als Klasse, beeinflusst eine Operation auf X auch Y:

```
Point p1 = new Point( );
p1.X = 7;

Point p2 = p1;                 // Kopiert p1-Referenz

Console.WriteLine (p1.X);      // 7
Console.WriteLine (p2.X);      // 7

p1.X = 9;                      // Ändert p1.X

Console.WriteLine (p1.X);      // 9
Console.WriteLine (p2.X);      // 9
```

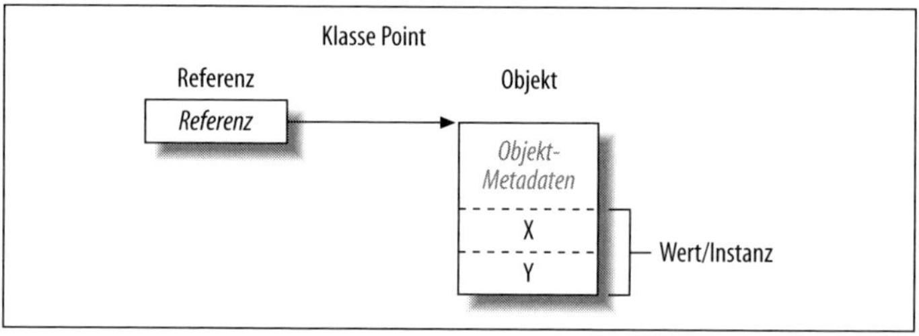

Abbildung 3: Eine Instanz eines Referenz-Typs im Arbeitsspeicher

Abbildung 4 zeigt, dass p1 und p2 zwei Referenzen sind, die auf dasselbe Objekt verweisen.

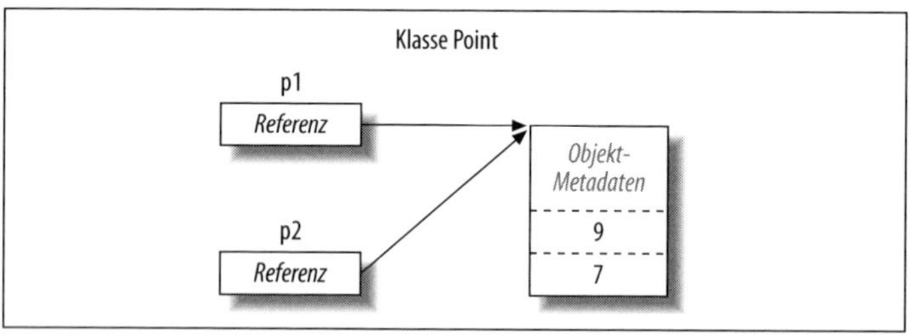

Abbildung 4: Eine Zuweisung kopiert eine Referenz

Null

Einer Referenz kann das Literal null zugewiesen werden, wodurch ausgesagt wird, dass die Referenz auf kein Objekt zeigt:

```
class Point {...}
...

Point p = null;
Console.WriteLine (p == null);  // true

// Die folgende Zeile sorgt für einen Laufzeitfehler
// (es wird eine NullReferenceException geworfen):
Console.WriteLine (p.X);
```

Im Gegensatz dazu kann einem Werte-Typ auf normalem Weg kein Null-Wert zugewiesen werden:

```
struct Point {...}
...

Point p = null;  // Kompilierungsfehler
int x = null;    // Kompilierungsfehler
```

HINWEIS

C# bietet *nullbare Typen* an, mit denen Werte-Typen auch Null-Werte repräsentieren können (siehe den Abschnitt »Nullbare Typen«).

Speicher-Overhead

Instanzen von Werte-Typen nehmen genau die Menge an Speicher ein, die durch ihre Felder belegt werden.

Referenz-Typen brauchen zusätzlichen Speicher für die Referenz und das Objekt. Das Objekt verbraucht so viele Bytes wie seine Felder plus zusätzlichen administrativen Overhead (typischerweise 12 Byte). Jede Referenz auf ein Objekt benötigt weitere 4 oder 8 Byte, abhängig davon, ob die .NET-Runtime-Umgebung auf einer 32- oder einer 64-Bit-Plattform läuft.

Klassifizierung der vordefinierten Typen

Die folgenden Typen sind in C# vordefiniert:

Werte-Typen

- Numerisch
    - Ganzzahl mit Vorzeichen (`sbyte`, `short`, `int`, `long`)
    - Ganzzahl ohne Vorzeichen (`byte`, `ushort`, `unit`, `ulong`)
    - Reelle Zahlen (`float`, `double`, `decimal`)
- Logisch (`bool`)
- Zeichen (`char`)

Referenz-Typen

- String (`string`)
- Objekt (`object`)

Die vordefinierten Typen in C# sind Aliase für Framework-Typen aus dem Namensraum `System`. Es gibt zwischen den beiden folgenden Anweisungen nur syntaktische Unterschiede:

```
int i = 5;
System.Int32 i = 5;
```

Diese vordefinierten Werte-Typen sind auch als *primitive Typen* bekannt. Sie werden so bezeichnet, weil es sich um die atomaren oder kleinstmöglichen Datenbausteine in einer Sprache handelt und sie im Maschinencode meist eine direkte Entsprechung haben.

Numerische Typen

C# besitzt die folgenden vordefinierten numerischen Typen.

C#-Typ	System-Typ	Suffix	Größe	Bereich
Ganzzahl – vorzeichenlos				
`sbyte`	`SByte`		8 Bit	-2^{7} bis $2^{7}-1$
`short`	`Int16`		16 Bit	-2^{15} bis $2^{15}-1$
`int`	`Int32`		32 Bit	-2^{31} bis $2^{31}-1$

C#-Typ	System-Typ	Suffix	Größe	Bereich
`long`	`Int64`	`L`	64 Bit	-2^{63} bis $2^{63}-1$
Ganzzahl – vorzeichenbehaftet				
`byte`	`Byte`		8 Bit	0 bis $2^{8}-1$
`ushort`	`UInt16`		16 Bit	0 bis $2^{16}-1$
`uint`	`UInt32`	`U`	32 Bit	0 bis $2^{32}-1$
`ulong`	`UInt64`	`UL`	64 Bit	0 bis $2^{64}-1$
Gleitkommazahl				
`float`	`Single`	`F`	32 Bit	$\pm(\sim 10^{-45}$ bis $10^{38})$
`double`	`Double`	`D`	64 Bit	$\pm(\sim 10^{-324}$ bis $10^{308})$
`decimal`	`Decimal`	`M`	128 Bit	$\pm(\sim 10^{-28}$ bis $10^{28})$

Bei den *ganzzahligen* Typen sind `int` und `long` erste Wahl, die auch C# und die Laufzeitumgebung favorisieren. Die anderen Ganzzahl-Typen werden normalerweise genutzt, wenn es um Interoperabilität geht oder Speichereffizienz wichtig ist.

Bei den *Gleitkommazahlen* werden `float` und `double` normalerweise für wissenschaftliche Berechnungen genutzt. Der Typ `decimal` kommt oft zur Anwendung bei Finanzberechnungen, bei denen hohe Genauigkeit und eine Arithmetik wichtig ist, die auf dem Dezimalsystem basiert.

Numerische Literale

Integer-Literale können in dezimaler oder hexadezimaler Notation verwendet werden, dabei wird Hexadezimal mit dem Präfix `0x` versehen:

```
int x = 127;
long y = 0x7F;
```

Gleitkomma-Literale können in Dezimal- und/oder Exponentialnotation geschrieben werden:

```
double d = 1.5;
double million = 1E06;
```

Ermittlung des Typs aus einem numerischen Literal

Standardmäßig *ermittelt* der Compiler bei einem numerischen Intervall, ob es entweder double oder ein Ganzzahl-Typ ist:

- Wenn das Literal einen Dezimalpunkt oder das Exponentialsymbol (E) enthält, ist es ein double.
- Ansonsten ist der Typ des Literals der erste Typ aus dieser Liste, der den Wert des Literals abbilden kann: int, uint, ulong oder long.

Zum Beispiel:

```
Console.Write(       1.0.GetType( ));  // Double (double)
Console.Write(      1E06.GetType( ));  // Double (double)
Console.Write(         1.GetType( ));  // Int32 (int)
Console.Write(0xF0000000.GetType( ));  // UInt32 (uint)
```

Numerische Suffixe

Numerische Suffixe definieren explizit den Typ eines Literals (Suffixe können sowohl klein- als auch großgeschrieben werden):

Kategorie	C#-Typ	Anmerkung	Beispiel
F	float		float f = 1.0F;
D	double		double d = 1D;
M	decimal		decimal d = 1.0M;
U	uint oder ulong	kombinierbar mit L	uint i = 1U;
L	long oder ulong	kombinierbar mit U	ulong i = 1UL;

Die Suffixe U und L werden selten gebraucht, weil die Typen uint, long und ulong so gut wie immer entweder *ermittelt* oder aus int *implizit konvertiert* werden können:

```
long i = 5;      // implizite verlustfreie Konvertierung
                 // von int nach long
```

Das Suffix D ist technisch gesehen redundant, da alle Literale mit einem Dezimalpunkt als double erkannt werden. Und Sie können einem numerischen Literal immer einen Dezimalpunkt hinzufügen:

```
double x = 4.0;
```

Die Suffixe F und M sind die nützlichsten und sollten immer dann genutzt werden, wenn man Literale für float oder decimal angibt. Ohne das Suffix F würde sich die folgende Zeile nicht kompilieren lassen, da 4.5 als vom Typ double bestimmt würde, für den es keine implizite Konvertierung nach float gibt:

```
float f = 4.5F;
```

Das gleiche Prinzip gilt für ein decimal-Literal:

```
decimal x = -1.23M;        // Lässt sich ohne das
                           // Suffix M nicht kompilieren.
```

Die Semantiken der numerischen Konvertierungen werden detailliert im folgenden Abschnitt beschrieben.

Numerische Konvertierungen

Ganzzahlige Konvertierungen

Ganzzahlige Konvertierungen sind *implizit*, wenn der Zieltyp jeden möglichen Wert des Ausgangstyps darstellen kann. Ansonsten ist eine *explizite* Konvertierung notwendig.

Gleitkommakonvertierungen

Ein float kann implizit in ein double konvertiert werden, da ein double jeden möglichen Wert eines float darstellen kann. Die umgekehrte Konvertierung muss explizit sein.

Konvertierung zwischen Gleitkomma-Typen und Integer-Typen

Alle ganzzahligen Typen können implizit in alle Gleitkomma-Typen konvertiert werden:

```
int i = 1;
float f = i;
```

Die umgekehrte Konvertierung muss explizit sein:

```
int i2 = (int)f;
```

WARNUNG

Wenn Sie eine Gleitkommazahl in eine Ganzzahl casten, werden alle Nachkommastellen abgeschnitten – es wird keine Rundung durchgeführt. Die statische Klasse `System.Convert` stellt Methoden zur Verfügung, die beim Konvertieren zwischen den verschiedenen numerischen Typen auch runden können.

Beim impliziten Konvertieren einer großen Ganzzahl in einen Gleitkomma-Typ bleibt zwar die *Größe* erhalten, es kann aber *Genauigkeit* verloren gehen. Das liegt daran, dass Gleitkomma-Typen immer größere Zahlen als Integer-Typen abbilden können, aber eventuell eine geringere Genauigkeit besitzen. Wenn wir unser Beispiel abändern und eine größere Zahl nutzen, können wir das zeigen:

```
int i1 = 100000001;
float f = i1;      // Größe erhalten, Genauigkeit verloren
int i2 = (int)f;   // 100000000
```

Konvertierung von Dezimalzahlen

Alle Ganzzahl-Typen können implizit in den Typ `decimal` konvertiert werden, weil ein `decimal` jeden möglichen Ganzzahlwert in C# darstellen kann. Alle anderen numerischen Konvertierungen mit dem Typ `decimal` als Ziel oder Ausgangswert müssen explizit sein.

Arithmetische Operatoren

Die arithmetischen Operatoren (+, -, *, /, %) sind für alle numerischen Typen definiert, mit Ausnahme der 8-Bit- und 16-Bit-Integer-Typen:

```
+    Addition
-    Subtraktion
*    Multiplikation
/    Division
%    Rest einer ganzzahligen Division
```

Inkrement- und Dekrement-Operatoren

Die Inkrement- und Dekrement-Operatoren (++, --) erhöhen beziehungsweise verringern numerische Typen um eins. Der Operator kann entweder vor oder nach der Variablen stehen – je nachdem, ob Sie die Variable *vor* oder *nach* dem Auswerten des Ausdrucks verändern wollen. Ein Beispiel:

```
int x = 0;
Console.WriteLine (x++);   // Ausgabe 0; x ist jetzt 1
Console.WriteLine (++x);   // Ausgabe 2; x ist jetzt 2
Console.WriteLine (--x);   // Ausgabe 1; x ist jetzt 1
```

Spezielle ganzzahlige Operationen

Ganzzahlige Division

Divisionen mit ganzzahligen Typen verwerfen immer den Rest. Teilt man durch eine Variable, deren Wert 0 ist, erhält man einen Laufzeitfehler (eine `DivisionByZeroException`). Teilt man durch das Literal 0, erhält man einen Kompilierungsfehler.

Ganzzahliger Überlauf

Arithmetische Operationen auf Integer-Typen können zur Laufzeit zu einem Überlauf führen. Standardmäßig geschieht das still und leise – es wird keine Exception geworfen. Während sich die C#-Spezifikation zum Ergebnis eines Überlaufs nicht auslässt, sorgt die CLR immer für einen Umlauf. Verringert man zum Beispiel den minimalen möglichen `int`-Wert um eins, erhält man den maximal möglichen `int`-Wert:

```
int a = int.MinValue;
a--;
Console.WriteLine (a == int.MaxValue); // true
```

Überlaufprüfung bei ganzzahligen Operationen

Der Operator `checked` teilt der Laufzeitumgebung mit, eine `OverflowException` zu erzeugen, statt still und heimlich fehlzuschlagen, wenn ein ganzzahliger Ausdruck oder eine Anweisung die arithmetischen Grenzen dieses Typs überschreitet. Der Operator `checked` ist für Ausdrücke mit ++, --, - (unär), +, -, *, / und expliziten Konvertierungsoperatoren zwischen ganzzahligen Typen nutzbar.

`checked` kann entweder für eine Anweisung oder für einen ganzen Anweisungsblock verwendet werden:

```
int a = 1000000, b = 1000000;

int c = checked (a*b);    // Prüft nur den Ausdruck

checked                   // Prüft alle Ausdrücke
{                         // im Anweisungsblock
   c = a * b;
   ...
}
```

Sie können die Prüfung auf arithmetische Überläufe zum Standard für alle Ausdrücke in einem Programm machen, indem Sie sie mit dem Schalter `/checked+` an der Befehlszeile kompilieren (in Visual Studio gehen Sie zu den Advanced Build Settings). Wenn Sie die Überlaufprüfung nur für bestimmte Ausdrücke oder Anweisungen abschalten wollen, können Sie das mit dem Operator `unchecked` erreichen.

Überlaufprüfung für konstante Ausdrücke

Unabhängig von der Angabe des Compiler-Schalters `/checked` werden Ausdrücke beim Kompilieren immer auf einen Überlauf geprüft – sofern Sie nicht den Operator `unchecked` nutzen:

```
int x = int.MaxValue + 1;           // Kompilierungsfehler
int y = unchecked (int.MaxValue + 1);     // keine Fehler
```

Bitweise Operatoren

C# unterstützt diese bitweisen Standardoperationen im C-Stil:

Operator	Bedeutung	Beispielausdruck	Ergebnis
~	Komplement	`~0xfU`	`0xfffffff0U`
&	Und	`0xf0 & 0x33`	`0x30`
|	Oder	`0xf0 | 0x33`	`0xf3`
^	Exklusiv-Oder	`0xff00 ^ 0x0ff0`	`0xf0f0`
<<	Schieben nach links	`0x20 << 2`	`0x80`
>>	Schieben nach rechts	`0x20 >> 1`	`0x10`

8- und 16-Bit-Integer

Die 8- und 16-Bit-Integer-Typen sind `byte`, `sbyte`, `short` und `ushort`. Diese haben keine eigenen arithmetischen Operatoren, daher konvertiert C# sie bei Bedarf implizit in größere Typen. Das kann zu einem Kompilierungsfehler führen, wenn man versucht, das Ergebnis wieder einem kleinen Integer-Typ zuzuweisen:

```
short x = 1, y = 1;
short z = x + y;            // Kompilierungsfehler
```

In diesem Fall werden `x` und `y` implizit nach `int` konvertiert, damit die Addition durchgeführt werden kann. Das bedeutet aber, dass das Ergebnis ebenfalls ein `int` ist, der nicht implizit in einen `short` konvertiert werden kann (da es dabei zu Datenverlust kommen könnte). Damit sich diese Anweisung kompilieren lässt, müssen wir einen expliziten Cast hinzufügen:

```
short z = (short) (x + y);   // okay
```

Besondere Float- und Double-Werte

Im Unterschied zu Integer-Typen haben Gleitkomma-Typen Werte, die bestimmte Operationen besonders behandeln. Diese speziellen Werte sind NaN (Not a Number, keine Zahl), +∞, –∞ und –0. Die Float- und Double-Klassen haben Konstanten für `NaN`, +∞ und –∞, wie auch für andere Werte (`MaxValue`, `MinValue` und `Epsilon`). Ein Beispiel:

```
Console.Write (double.NegativeInfinity);  // -Infinity
```

Die Konstanten, die spezielle Werte für `double` und `float` repräsentieren, sind:

Spezieller Wert	Double-Konstante	Float-Konstante
NaN	`double.NaN`	`float.NaN`
+∞	`double.PositiveInfinity`	`float.PositiveInfinity`
–∞	`double.NegativeInfinity`	`float.NegativeInfinity`
–0	`-0.0`	`-0.0f`

Teilt man eine Zahl, die nicht null ist, durch null, erhält man einen unendlichen Wert:

```
Console.WriteLine ( 1.0 /  0.0);          //  Infinity
Console.WriteLine (-1.0 /  0.0);          // -Infinity
Console.WriteLine ( 1.0 / -0.0);          // -Infinity
Console.WriteLine (-1.0 / -0.0);          //  Infinity
```

Teilt man null durch null oder subtrahiert unendlich von unendlich, erhält man NaN:

```
Console.WriteLine ( 0.0 /  0.0);                  //  NaN
Console.WriteLine ((1.0 /  0.0) - (1.0 / 0.0)); //  NaN
```

Wenn == genutzt wird, ist ein NaN-Wert niemals gleich einem anderen Wert, auch nicht einem anderen NaN-Wert:

```
Console.WriteLine (0.0 / 0.0 == double.NaN);   // false
```

Um zu prüfen, ob ein Wert NaN ist, müssen Sie die Methoden `float.IsNaN` oder `double.IsNaN` verwenden:

```
Console.WriteLine (double.IsNaN (0.0 / 0.0));  // true
```

HINWEIS

`float` und `double` halten sich an die Spezifikationen der IEEE 754-Format-Typen, die von so gut wie allen Prozessoren direkt unterstützt werden. Sie finden detailliertere Informationen zum Verhalten dieser Typen unter *http://www.ieee.org*.

Wenn Sie allerdings `object.Equals` verwenden, sind zwei NaN-Werte gleich:

```
Console.WriteLine
  (object.Equals (0.0 / 0.0, double.NaN));     // true
```

double versus decimal

`double` ist für wissenschaftliche Berechnungen nützlich (zum Beispiel beim Ermitteln von Raumkoordinaten); `decimal` wird für finanzmathematische Berechnungen verwendet.

Kategorie	double	decimal
Interne Repräsentation	Basis 2	Basis 10
Genauigkeit	15 bis 16 signifikante Stellen	28 bis 29 signifikante Stellen
Bereich	$\pm(\sim 10^{-324}$ bis $\sim 10^{308})$	$\pm(\sim 10^{-28}$ bis $\sim 10^{28})$
Besondere Werte	$+0, -0, +\infty, -\infty$ und NaN	keine
Geschwindigkeit	direkte Ausführung im Prozessor	wird nicht direkt im Prozessor ausgeführt (etwa zehnmal langsamer als `double`)

Rundungsfehler bei Gleitkommazahlen

`float` und `double` repräsentieren Zahlen intern zur Basis 2. Aus diesem Grund können nur Zahlen, dic sich auf dieser Basis ausdrücken lassen, genau repräsentiert werden. Das bedeutet in der Praxis, dass die meisten Literale mit Nachkommastellen (die die Basis 10 nutzen) nicht exakt repräsentiert werden können, zum Beispiel:

```
float tenth = 0.1f;                       // nicht genau 0.1
float one   = 1f;
Console.WriteLine (one - tenth * 10f); // -1.490116E-08
```

Das ist der Grund dafür, dass `float` und `double` für finanzmathematische Berechnungen schlecht sind. Im Gegensatz dazu arbeitet `decimal` auf der Basis 10 und kann daher Zahlen zur Basis 10 auch exakt repräsentieren (wie auch ihre Faktoren: Basis 2 und Basis 5). Da Gleitkomma-Literale in der Basis 10 geschrieben werden, kann `decimal` Zahlen wie 0,1 exakt repräsentieren. Allerdings kann weder `double` noch `decimal` eine Bruchzahl exakt speichern, deren Basis-10-Repräsentation periodisch ist:

```
decimal m = 1M / 6M;  // 0.1666666666666666666666666667M
double  d = 1.0 / 6.0;            // 0.16666666666666666
```

Das führt zu sich aufsummierenden Rundungsfehlern:

```
decimal notQuiteWholeM =
   m+m+m+m+m+m;        // 1.0000000000000000000000000002M
double notQuiteWholeD =
   d+d+d+d+d+d;        // 0.99999999999999989
```

die dazu führen können, dass Gleichheits- und Vergleichsoperationen fehlschlagen:

```
Console.WriteLine (notQuiteWholeM == 1M);    // false
Console.WriteLine (notQuiteWholeD < 1.0);    // true
```

Boolescher Typ und Boolesche Operatoren

Der C#-Typ `bool` (der ein Alias für den Typ `System.Boolean` ist) ist ein logischer Wert, dem das Literal `true` oder `false` zugewiesen werden kann.

Auch wenn ein Boolescher Wert beim Speichern nur ein Bit benötigt (null oder eins), wird die Laufzeitumgebung ein oder zwei Byte im Speicher verwenden, da dies die kleinste Einheit ist, mit der die Laufzeitumgebung und der Prozessor sinnvoll umgehen können. Um bei Arrays den Speicherplatz nicht ineffizient zu nutzen, stellt das Framework im Namensraum `System.Collections` eine Klasse `BitArray` bereit, die nur ein Bit pro Booleschem Wert verwendet.

Gleichheits- und Vergleichs-Operatoren

`==` und `!=` prüfen auf Gleichheit beziehungsweise Ungleichheit zwischen beliebigen Typen, liefern aber immer einen `bool`-Wert zurück. Werte-Typen haben normalerweise eine sehr einfache Vorstellung von Gleichheit:

```
int x = 1, y = 2, z = 1;
Console.WriteLine (x == y);         // false
Console.WriteLine (x == z);         // true
```

Bei Referenz-Typen basiert die Gleichheit standardmäßig auf der *Referenz* und nicht auf dem eigentlichen *Wert* des zugrunde liegenden Objekts:

```
public class Dude
{
  public string Name;
  public Dude (string n) { Name = n; }
}
```

```
Dude d1 = new Dude ("John");
Dude d2 = new Dude ("John");
Console.WriteLine (d1 == d2);         // false
Dude d3 = d1;
Console.WriteLine (d1 == d3);         // true
```

Die Vergleichsoperatoren <, >, <= und >= funktionieren für alle numerischen Typen, sollten bei Gleitkommazahlen aber mit Vorsicht verwendet werden (siehe den vorigen Abschnitt »Rundungsfehler bei Gleitkommazahlen«). Die Vergleichsoperatoren arbeiten auch mit enum-Typ-Membern zusammen, indem ihre zugrunde liegenden Integer-Werte verglichen werden.

Wir werden die Gleichheits- und Vergleichsoperatoren später noch im Detail in den Abschnitten »Der Typ object« und »Überladen von Operatoren« besprechen.

Bedingte Operatoren

Die Operatoren && und || testen auf die Bedingungen *und* und *oder*. Sie werden häufig zusammen mit dem Operator ! verwendet, der für *nicht* steht. In diesem Beispiel liefert die Methode UseUmbrella den Wert true zurück, wenn es regnet oder die Sonne scheint (um uns vor dem Regen oder der Sonne zu schützen), solange es nicht auch noch windig ist (da Regenschirme bei Wind nicht viel helfen):

```
static bool UseUmbrella (bool rainy, bool sunny,
                         bool windy)
{
  return ! windy && (rainy || sunny);
}
```

Bedingte Operatoren *kürzen* die Auswertung wenn möglich *ab*. Im vorigen Beispiel wird der Ausdruck (rainy || sunny) gar nicht ausgewertet, wenn es windig ist.

WARNUNG

Die Operatoren & und | können ähnlich verwendet werden:

```
return ! windy & (rainy | sunny);
```

Der Unterschied liegt darin, dass sie *keine abgekürzte Auswertung* vornehmen. Aus diesem Grund werden sie nur selten als bedingte Operatoren eingesetzt.

Der ternäre bedingte Operator hat die Form `q ? a : b`. Dabei wird `a` ausgewertet, falls die Bedingung `q` wahr ist, ansonsten `b`. Ein Beispiel:

```
static int Max (int a, int b)
{
  return (a > b) ? a : b;
}
```

Strings und Zeichen

Der C#-Typ `char` (ein Alias des Typs `System.Char`) repräsentiert ein Unicode-Zeichen und nimmt zwei Byte ein. Ein `char`-Literal wird innerhalb von einfachen Anführungszeichen angegeben:

```
char c = 'A';         // einfaches Zeichen
```

Escape-Sequenzen geben Zeichen an, die nicht direkt ausgedrückt oder interpretiert werden können. Eine Escape-Sequenz ist ein Backslash, gefolgt von einem Zeichen mit einer bestimmten Bedeutung:

```
char newLine = '\n';
char backSlash = '\\';
```

Folgende Zeichen sind in einer Escape-Sequenz möglich.

Zeichen	Bedeutung	Wert
`\'`	einfaches Anführungszeichen	0x0027
`\"`	doppeltes Anführungszeichen	0x0022
`\\`	Backslash	0x005C
`\0`	null	0x0000
`\a`	Alert	0x0007
`\b`	Backspace	0x0008
`\f`	Seitenvorschub	0x000C

Zeichen	Bedeutung	Wert
\n	New Line	0x000A
\r	Carriage Return	0x000D
\t	horizontaler Tab	0x0009
\v	vertikaler Tab	0x000B

Die Escape-Sequenz \u (oder \x) ermöglicht es Ihnen, ein beliebiges Unicode-Zeichen über seinen vierstelligen Hexadezimalcode anzugeben:

```
char copyrightSymbol = '\u00A9';
char omegaSymbol     = '\u03A9';
char newLine         = '\u000A';
```

Zeichenkonvertierung

Eine implizite Konvertierung von einem char in einen numerischen Typ funktioniert für die numerischen Typen, die ein vorzeichenloses short aufnehmen können. Bei anderen numerischen Typen ist eine explizite Konvertierung notwendig.

Der Typ String

Der C#-Typ string (ein Alias für den Typ System.String) repräsentiert eine nicht veränderbare Kette von Unicode-Zeichen. Ein String-Literal wird innerhalb von doppelten Anführungszeichen angegeben:

```
string a = "Heat";
```

HINWEIS

string ist ein Referenz-Typ, kein Werte-Typ. Seine Vergleichsoperatoren implementieren allerdings eine Werte-Typ-Semantik.

Die für char-Literale möglichen Escape-Sequenzen lassen sich auch bei Strings nutzen:

```
string a = "Das ist ein Tab:\t";
```

Wenn Sie allerdings einen Backslash als Zeichen nutzen wollen, müssen Sie ihn doppelt schreiben:

```
string a1 = "\\\\server\\fileshare\\helloworld.cs";
```

Um dieses Problem zu vermeiden, bietet C# *Verbatim*-Strings an. Ein Verbatim-string-Literal wird durch ein @ eingeleitet und unterstützt keine Escape-Sequenzen. Der folgende Verbatim-String ist mit dem String oben identisch:

```
string a2 = @"\\server\fileshare\helloworld.cs";
```

Ein Verbatim-String-Literal kann auch über mehrere Zeilen gehen:

```
string escaped  = "Erste Zeile\r\nZweite Zeile";
string verbatim = @"Erste Zeile
Zweite Zeile";

Console.WriteLine (escaped == verbatim);  // true
```

Sie können das doppelte Anführungszeichen in einem Verbatim-Literal nutzen, indem Sie es doppelt schreiben:

```
string xml = @"<customer id=""123""></customer>";
```

String-Verkettung

Der Operator + verkettet zwei Strings:

```
string s = "a" + "b";
```

Der rechte Operand muss kein String sein – in dem Fall wird für seinen Wert ToString aufgerufen:

```
string s = "a" + 5;  // a5
```

Da string nicht veränderbar ist, kann die wiederholte Verwendung des Operators + zum Erstellen eines Strings sehr ineffizient sein. Die Lösung ist die Anwendung des Typs System.Text.StringBuilder – er repräsentiert einen veränderbaren String und hat Methoden, mit denen Teilstrings effizient per Append, Insert, Remove und Replace bearbeitet werden können.

String-Vergleiche

string unterstützt nicht die Vergleichsoperatoren < und >. Sie müssen stattdessen die Methode CompareTo von string nutzen, die eine positive Zahl, eine negative Zahl oder null zurückgibt – in Abhängigkeit davon, ob der erste Wert nach oder vor dem zweiten Wert kommt oder ob er gleich ist:

```
Console.Write ("Boston".CompareTo ("Austin"));   // 1
Console.Write ("Boston".CompareTo ("Boston"));   // 0
Console.Write ("Boston".CompareTo ("Chicago"));  // -1
```

Suchen in Strings

Der Indexer von `string` liefert ein Zeichen an einer bestimmten Position zurück:

```
Console.Write ("Wort"[2]);    // r
```

Die Methoden `IndexOf`/`LastIndexOf` suchen nach einem Zeichen innerhalb eines Strings; die Methoden `Contains`, `StartsWith` und `EndWith` suchen nach einem Teilstring in einem String.

Strings verändern

Da `string` nicht veränderbar ist, liefern alle Methoden, die einen String »bearbeiten«, einen neuen zurück und lassen das Original unangetastet:

- `Substring` liefert einen Teil eines Strings zurück.
- `Insert` und `Remove` fügen Zeichen an einer bestimmten Position ein beziehungsweise entfernen sie.
- `PadLeft` und `PadRight` fügen Leerzeichen ein.
- `TrimStart`, `TrimEnd` und `Trim` entfernen Leerraum.

Die Klasse `string` definiert zudem die Methoden `ToUpper` und `ToLower`, um die Groß- und Kleinschreibung zu ändern, eine Methode `Split`, um einen String in Teilstrings aufzuteilen (basierend auf einem angegebenen Trennzeichen), und eine statische Methode `Join`, um Teilstrings wieder in einen String zusammenzuführen.

Arrays

Ein Array repräsentiert eine feste Zahl von Elementen eines bestimmten Typs. Die Elemente in einem Array werden immer in einem zusammenhängenden Speicherabschnitt gespeichert, wodurch man sehr schnell auf sie zugreifen kann.

Ein Array wird durch eckige Klammern nach dem Typ des Elements definiert:

```
char[] vowels = new char[5];   // ein Array mit 5 Zeichen
```

Eckige Klammern *indexieren* das Array auch, wodurch man auf ein bestimmtes Element über die Position zugreifen kann:

```
vowels [0] = 'a';
vowels [1] = 'e';
vowels [2] = 'i';
vowels [3] = 'o';
vowels [4] = 'u';
Console.WriteLine (vowels [1]);       // e
```

Damit wird »e« ausgegeben, weil Array-Indexe bei null beginnen. Wir können eine `for`-Schleife nutzen, um über jedes Element im Array zu iterieren. Die `for`-Schleife lässt in diesem Beispiel den Integer-Wert `i` von `0` bis `4` laufen:

```
for (int i = 0; i < vowels.Length; i++)
  Console.Write (vowels [i]);             // aeiou
```

Arrays implementieren zudem `IEnumerable<T>`, sodass Sie Elemente über die Anweisung `foreach` aufzählen können:

```
foreach (char c in vowels) Console.Write (c);  // aeiou
```

Die Eigenschaft `Length` eines Arrays liefert die Anzahl der Elemente im Array zurück. Nachdem ein Array einmal angelegt wurde, kann seine Länge nicht mehr geändert werden. Der Namensraum `System.Collection` und die darunterliegenden Namensräume stellen weiterentwickelte Datenstrukturen bereit, wie zum Beispiel dynamisch in der Größe veränderbare Arrays und Dictionaries.

Ein *Array-Initialisierungsausdruck* gibt jedes Element eines Arrays an. Ein Beispiel:

```
char[] vowels = new char[] {'a','e','i','o','u'};
```

Alle Arrays erben von der Klasse `System.Array`, in der Methoden und Eigenschaften für alle Arrays definiert sind. Dazu gehören Instanz-Eigenschaften wie `Length` und `Rank`, aber auch statische Methoden, um:

- ein Array dynamisch anzulegen (`CreateInstance`),

- Elemente unabhängig vom Array-Typ zu lesen und zu schreiben (GetValue/SetValue),
- ein sortiertes Array (BinarySearch) oder ein unsortiertes Array (IndexOf, LastIndexOf, Find, FindIndex, FindLastIndex) zu durchsuchen,
- ein Array zu sortieren (Sort),
- ein Array zu kopieren (Copy).

Standard-Element-Initialisierung

Beim Erstellen eines Arrays werden dessen Elemente immer durch Standardwerte vorinitialisiert. Der Standardwert eines Typs ist das Ergebnis eines bitweisen Löschens seines Speicherbereichs. Stellen Sie sich zum Beispiel das Erstellen eines Arrays mit Integer-Werten vor. Da int ein Werte-Typ ist, werden 1.000 Integer-Zahlen in einem zusammenhängenden Speicherabschnitt zugewiesen. Der Standardwert für jedes Element ist 0:

```
int[] a = new int[1000];
Console.Write (a[123]);            // 0
```

Werte-Typen versus Referenz-Typen

Es hat einen großen Einfluss auf die Performance, ob ein Element-Typ eines Arrays ein Werte-Typ oder ein Referenz-Typ ist. Wenn der Element-Typ ein Werte-Typ ist, wird jedes Element als Teil des Array zugewiesen:

```
public struct Point { public int X, Y; }
...

Point[] a = new Point[1000];
int x = a[500].X;                  // 0
```

Wäre Point eine Klasse, würden nur 1.000 Null-Referenzen zugewiesen werden:

```
public class Point { public int X, Y; }

...
Point[] a = new Point[1000];
int x = a[500].X;             // Laufzeitfehler
                              // (NullReferenceException)
```

Um diesen Fehler zu vermeiden, müssen manuell 1.000 `Point`-Objekte nach dem Instantiieren des Arrays erzeugt werden:

```
Point[] a = new Point[1000];
for (int i = 0; i < a.Length; i++) // mit i von
                                   // 0 bis 999 laufen
   a[i] = new Point( );             // Array-Element i auf
                                   // neuen Point setzen
```

Ein Array *selbst* ist immer ein Referenz-Typ-Objekt, unabhängig vom Element-Typ:

```
int[] a = null;    // erlaubt - int[] ist ein Referenz-Typ
```

Mehrdimensionale Arrays

Mehrdimensionale Arrays gibt es in zwei Varianten: rechteckig und ungleichförmig. Rechteckige Arrays stellen einen *n*-dimensionalen Speicherblock dar, während es sich bei ungleichförmigen Arrays um Arrays aus Arrays handelt.

Rechteckige Arrays

Rechteckige Arrays werden deklariert, indem jede Dimension durch Kommata getrennt wird. Mit der folgenden Anweisung wird ein rechteckiges, zweidimensionales Array deklariert, bei dem die Dimensionen 3 × 3 sind:

```
int[,] matrix = new int [3, 3];
```

Die Methode `GetLength` eines Arrays liefert die Länge für eine gegebene Dimension zurück (beginnend bei 0):

```
for (int i = 0; i < matrix.GetLength (0); i++)
  for (int j = 0; j < matrix.GetLength (1); j++)
    matrix [i, j] = i * 3 + j;
```

Ein rechteckiges Array kann wie folgt initialisiert werden (jedes Element wird in diesem Beispiel so initialisiert wie im vorigen Beispiel):

```
int[,] matrix = new int[,]
{
  {0,1,2},
  {3,4,5},
```

```
    {6,7,8}
};
```

Ungleichförmige Arrays

Ungleichförmige Arrays werden mit aufeinanderfolgenden eckigen Klammern deklariert, mit denen jede Dimension repräsentiert wird. Hier ein Beispiel für das Deklarieren eines unregelmäßigen, zweidimensionalen Arrays, bei dem die äußerste Dimension 3 ist:

```
int [][] matrix = new int [3][];
```

Die inneren Dimensionen werden in der Deklaration nicht spezifiziert. Anders als bei einem rechteckigen Array kann jedes innere Array eine eigene Länge haben. Jedes innere Array wird implizit nicht auf ein leeres Array initialisiert, sondern auf null. Jedes innere Array muss per Hand angelegt werden:

```
for (int i = 0; i < matrix.Length; i++)
{
  matrix[i] = new int [3];          // erstelle inneres Array
  for (int j = 0; j < matrix[i].Length; j++)
    matrix[i][j] = i * 3 + j;
}
```

Ein ungleichförmiges Array kann wie folgt initialisiert werden (jedes Element wird in diesem Beispiel so initialisiert wie im vorigen Beispiel):

```
int[][] matrix = new int[][]
{
  new int[] {0,1,2},
  new int[] {3,4,5},
  new int[] {6,7,8}
};
```

Vereinfachte Ausdrücke zur Array-Initialisierung

Es gibt zwei Möglichkeiten, den Ausdruck zur Array-Initialisierung abzukürzen. Bei der einen werden der Operator new und die Typdefinition weggelassen:

```
char[] vowels = {'a','e','i','o','u'};

int[,] rectangularMatrix =
```

```
{
  {0,1,2},
  {3,4,5},
  {6,7,8}
};

int[][] jaggedMatrix =
{
  new int[] {0,1,2},
  new int[] {3,4,5},
  new int[] {6,7,8}
};
```

Seit C# 3.0 kann man auch noch das Schlüsselwort var verwenden, das den Compiler anweist, eine lokale Variable implizit zu typisieren:

```
var i = 3;            // i ist implizit vom Typ int
var s = "sausage";    // s ist implizit vom Typ string

// Daher:

var rectMatrix = new int[,] // rectMatrix ist implizit
{                           // vom Typ int[,]
  {0,1,2},
  {3,4,5},
  {6,7,8}
};

var jaggedMat = new int[][] // jaggedMat ist implizit
{                           // vom Typ int[][]
  new int[] {0,1,2},
  new int[] {3,4,5},
  new int[] {6,7,8}
};
```

Mit der impliziten Typisierung kann bei eindimensionalen Arrays sogar noch einen Schritt weitergegangen werden. Sie können den Typ-Qualifizierer nach dem Schlüsselwort new weglassen und den Compiler den Array-Typ selbst *ermitteln* lassen:

```
// Compiler ermittelt char[]

var vowels = new[] {'a','e','i','o','u'};
```

Die Elemente müssen für die implizite Array-Typisierung alle identische Typen haben:

```
var x = new[] {1, "a"};    // Fehler, Elemente sind von
                           // verschiedenen Typen
```

Prüfen der Grenzen

Jeder Indexzugriff auf ein Array wird zur Laufzeit auf die Array-Grenzen hin geprüft. Es wird eine `IndexOutOfRangeException` geworfen, wenn Sie einen ungültigen Index nutzen:

```
int[] arr = new int[3];
arr[3] = 1;            // IndexOutOfRangeException
```

Wie bei Java ist die Prüfung der Array-Grenzen aus Gründen der Typsicherheit und zum einfacheren Debuggen notwendig.

HINWEIS

Im Allgemeinen ist der Performanceverlust durch das Prüfen der Array-Grenzen vernachlässigbar, und der JIT-(Just-in-Time-)Compiler kann Optimierungen durchführen – zum Beispiel im Voraus ermitteln, ob alle Indizes beim Betreten einer Schleife sicher sind, und damit eine Prüfung bei jeder Iteration vermeiden. Zusätzlich bietet C# »unsicheren« Code an, bei dem explizit die Prüfung der Array-Grenzen umgangen werden kann (siehe den Abschnitt »Unsicherer Code und Zeiger«).

Variablen und Parameter

Eine Variable repräsentiert einen Speicherbereich, der einen veränderbaren Wert enthält. Eine Variable kann eine *lokale Variable*, ein *Parameter* (*value*, *ref* oder *out*), ein *Feld* (*Instanz* oder *statisch*) oder ein *Array-Element* sein.

Der Stack und der Heap

Der Stack und der Heap sind die Orte, an denen Variablen und Konstanten abgelegt werden. Jeder hat bezüglich der Lebensspanne der Objekte eine andere Semantik.

Der Stack

Der Stack ist ein Speicherbereich, in dem lokale Variablen und Parameter gespeichert werden. Der Stack wächst und schrumpft automatisch, sobald Funktionen betreten und wieder verlassen werden. Schauen Sie sich die folgende Methode an (um es nicht zu kompliziert zu machen, wird die Prüfung des übergebenen Arguments ignoriert):

```
static int Factorial (int x)
{
  if (x == 0) return 1;
  return x * Factorial (x-1);
}
```

Diese Methode ist rekursiv, das heißt, sie ruft sich selbst auf. Jedes Mal, wenn die Methode aufgerufen wird, wird Platz für ein neues `int` auf dem Stack reserviert, und bei jedem Verlassen der Methode wird `int` wieder freigegeben.

Der Heap

Der Heap ist ein Speicherabschnitt, in dem *Objekte* (also Instanzen von Referenz-Typen) liegen. Immer dann, wenn ein neues Objekt erzeugt wird, wird auf dem Heap dafür Platz reserviert und eine Referenz auf dieses Objekt zurückgegeben. Während der Ausführung eines Programms füllt sich der Heap, während neue Objekte angelegt werden. Die Laufzeitumgebung hat einen Garbage Collector, der regelmäßig Objekte vom Heap entfernt, sodass Ihrem Computer nicht der Speicher ausgeht. Ein Objekt kann dann vom Heap entfernt werden, wenn es keine Referenz mehr darauf gibt. Im folgenden Beispiel wird das `StringBuilder`-Objekt auf dem Heap erzeugt, während die *Referenz* `sb` auf dem Stack angelegt wird:

```
static void Test( )
{
  StringBuilder sb = new StringBuilder( );
  Console.WriteLine (sb.Length);
}
```

Nach dem Ende der Methode `Test` wird `sb` wieder vom Stack genommen, und das `StringBuilder`-Objekt wird nicht länger referenziert, womit es durch die Garbage Collection abgeräumt werden kann.

Werte-Typ-Instanzen (und Objekt-Referenzen) leben dort, wo die Variable deklariert wurde. Wenn die Instanz als Feld innerhalb eines Objekts oder als Array-Element deklariert wurde, lebt diese Instanz auf dem Heap.

HINWEIS

Sie können Objekte in C# nicht explizit löschen, so wie es in C++ möglich ist. Ein nicht referenziertes Objekt wird irgendwann vom Garbage Collector abgeräumt.

Der Heap wird auch genutzt, um statische Felder und Konstanten zu speichern. Anders als Objekte, die auf dem Heap untergebracht sind (und von der Garbage Collection gelöscht werden können), leben diese Daten, bis die Anwendungsdomäne ihrem Ende entgegengeht.

Sichere Zuweisung

C# nutzt nur sichere Zuweisungen. In der Praxis bedeutet dies, dass es außerhalb eines `unsafe`-Kontexts unmöglich ist, auf nicht initialisierten Speicher zugreifen zu können. Die sichere Zuweisung hat drei Folgen:

- Lokalen Variablen muss ein Wert zugewiesen werden, bevor man lesend auf sie zugreifen kann.
- Beim Aufruf einer Methode müssen die Funktionsargumente gefüllt sein.
- Alle anderen Variablen (wie Felder und Array-Elemente) werden zur Laufzeit automatisch initialisiert.

Der folgende Code führt zum Beispiel zu einem Kompilierungsfehler:

```
static void Main( )
{
  int x;
  Console.WriteLine (x);           // Kompilierungsfehler
}
```

Felder und Array-Elemente werden automatisch mit den Standardwerten für ihre Typen initialisiert. Der folgende Code gibt 0 aus, weil Array-Elementen implizit ihr Standardwert zugewiesen wird:

```
static void Main( )
{
  int[] ints = new int[2];
  Console.WriteLine (ints[0]);                    // 0
}
```

Der folgende Code gibt 0 aus, weil Feldern implizit ein Standardwert zugewiesen wird:

```
class Test
{
  static int x;
  static void Main( ) { Console.WriteLine (x); }  // 0
}
```

Standardwerte

Alle Typ-Instanzen haben einen Standardwert. Dieser Wert ist für die primitiven Werte das Ergebnis eines bitweisen Löschens des Speichers.

Typ	Standardwert
Referenz	`null`
Numerischer Typ oder Enum-Typ	`0`
`char`	`'\0'`
`bool`	`false`

Der Standardwert für einen selbst definierten Werte-Typ (also ein Struct) entspricht dem Standardwert für jedes Feld, das vom selbst definierten Typ angegeben wird.

Parameter

Eine Methode hat eine Reihe von Parametern. Parameter definieren die Argumente, die für diese Methode angegeben werden müssen.

In diesem Beispiel hat die Methode Foo einen einzelnen Parameter p vom Typ int:

```
static void Foo (int p)
{
  p = p + 1;                 // Erhöhe p um 1
  Console.WriteLine(p);      // Gib p aus
}
static void Main( ) { Foo(8); }
```

Sie können mit den Modifikatoren ref und out beeinflussen, wie Parameter übergeben werden.

Parameter- Modifikatoren	Übergeben als	Variable muss auf jeden Fall zugewiesen werden vor dem
keiner	Wert	*Betreten*
ref	Referenz	*Betreten*
out	Referenz	*Verlassen*

Optionale Argumente (C# 4.0)

Methodenargumente können optional gemacht werden, indem bei der Deklaration der Methodenparameter Standardwerte definiert werden. Diese werden genutzt, wenn die entsprechenden Argumente beim Methodenaufruf nicht angegeben werden.

```
void Foo(int p, int i = 1) {
    p = p + i;
    Console.WriteLine(p);
}
```

Die beiden folgenden Aufrufe sind dann äquivalent:

```
Foo(1,1);
Foo(1);
```

Optionale Parameter müssen nach erforderlichen Parametern deklariert werden.

Benannte Argumente (C# 4.0)

Die Zuordnung von Methodenargumenten und -parametern kann gesteuert werden, indem beim Methodenaufruf der Name des Parameters angegeben wird. Das ermöglicht die Zuweisung an beliebige optionale Parameter, kann aber auch für erforderliche Parameter genutzt werden.

```
boolean Between(int val, int low = 0, int high = 10) {
    if (low < val && val < high) { return true; }
    else { return false; }
}
```

Mit positionellen Argumenten könnte diese Methode folgendermaßen aufgerufen werden:

```
Between(3);       // val = 3, low = 0, high = 10
Between(3,1);     // val = 3, low = 1, high = 10
Between(3,1,5); // val = 3, low = 1, high = 5
```

Die übergebenen Argumente werden den an der entsprechenden Position definierten Methodenparametern zugewiesen. Auf diese Weise ist es aber nicht möglich, nur den zweiten der optionalen Parameter zuzuweisen. Diese Beschränkung wird durch benannte Argumente aufgehoben:

```
Between(3, high : 7); // val = 3, low = 0, high = 7
```

Benannte Argumente können nicht nur für optionale Parameter verwendet werden. Sie dürfen in beliebiger Reihenfolge angeführt werden. Alle positionellen Argumente müssen vor eventuellen benannten Argumenten angeführt werden.

```
Between(val : 3);
Between(high : 7, val : 3, low : 1);
Between(3, high : 7, low : 1);
```

Argumente als Wert übergeben

Standardmäßig werden Argumente in C# als *Wert* übergeben (*by Value*), was mit Abstand der am häufigsten vorkommende Fall ist. Das bedeutet, dass eine Kopie des Werts erstellt wird, wenn man ihn an die Methode übergibt:

```
class Test
{
  static void Foo (int p)
  {
    p = p + 1;                  // Erhöhe p um 1
    Console.WriteLine (p);      // Gib p aus
  }

  static void Main( )
  {
    int x = 8;
    Foo (x);                   // Erzeuge eine Kopie von x
    Console.WriteLine (x);     // x ist immer noch 8
  }
}
```

Weist man p einen neuen Wert zu, ändert das nicht den Inhalt von x, weil p und x an unterschiedlichen Stellen im Speicher liegen.

Beim Übergeben eines Referenz-Typ-Objekts by Value wird die *Referenz* kopiert, nicht das Objekt. Foo sieht das gleiche StringBuilder-Objekt, das Main instantiiert hat, besitzt aber eine eigene Referenz darauf. Das bedeutet also, dass sb und fooSB unterschiedliche Variablen sind, die auf das gleiche StringBuilder-Objekt verweisen:

```
class Test
{
  static void Foo (StringBuilder fooSB)
  {
    fooSB.Append ("Test");
    fooSB = null;
  }

  static void Main( )
  {
    StringBuilder sb = new StringBuilder( );
    Foo (sb);
    Console.WriteLine (sb.ToString( ));    // Test
  }
}
```

Da fooSB eine *Kopie* einer Referenz ist, wird sb nicht zu null, wenn man fooSB auf null setzt. (Wenn allerdings fooSB mit dem Modifikator ref deklariert und aufgerufen wurde, *würde* sb null werden.)

Der Modifikator ref

Um eine *Referenz* zu übergeben (*by Reference*), stellt C# den Modifikator ref bereit. Im folgenden Beispiel verweisen p und x auf den gleichen Speicherbereich:

```
class Test
{
  static void Foo (ref int p)
  {
    p = p + 1;             // Erhöhe p um 1
    Console.WriteLine(p);  // Gib p aus
  }

  static void Main()
  {
    int x = 8;
    Foo (ref x);           // Foo soll x direkt nutzen
    Console.WriteLine(x);  // x ist jetzt 9
  }
}
```

Weist man p nun einen neuen Wert zu, ändert sich auch der Inhalt von x. Beachten Sie, dass der Modifikator ref sowohl beim Schreiben wie auch beim Aufrufen der Methode notwendig ist. Damit wird sehr deutlich, was hier passiert.

HINWEIS

Ein Parameter kann als Referenz oder als Wert übergeben werden – unabhängig davon, ob der Parameter-Typ ein Referenz-Typ oder ein Werte-Typ ist.

Der Modifikator out

Ein out-Argument ist wie ein ref-Argument, jedoch mit folgenden Ausnahmen:

- Es muss nicht zugewiesen sein, bevor es der Funktion übergeben wird.
- Es muss zugewiesen sein, bevor die Funktion *verlassen* wird.

Der Modifikator out wird meist genutzt, um mehrere Rückgabewerte in einer Methode zu haben. Wie ein ref-Parameter wird ein out-Parameter als Referenz übergeben.

Folgen bei der Übergabe als Referenz

Wenn Sie ein Argument als Referenz übergeben, erhält der Speicherplatz einer bestehenden Variablen einen Alias, statt einen neuen Speicherplatz zu erzeugen. Im folgenden Beispiel repräsentieren die Variablen x und y die gleiche Instanz:

```
class Test
{
  static int x;

  static void Main( ) { Foo (out x); }

  static void Foo (out int y)
  {
    Console.WriteLine (x);          // x ist 0
    y = 1;                          // Ändere y
    Console.WriteLine (x);          // x ist 1
  }
}
```

Der Modifikator params

Der Modifikator params kann für den letzten Parameter einer Methode angegeben werden. Dann akzeptiert die Methode eine beliebige Zahl an Parametern eines bestimmten Typs. Der Parameter-Typ muss als Array deklariert werden:

```
static int Sum (params int[] ints)
{
  int sum = 0;
  for (int i = 0; i < ints.Length; i++)
    sum += ints[i];         // Erhöhe Summe um ints[i]
  return sum;
}

static void Main( )
{
  int total = Sum (1, 2, 3, 4);
  Console.WriteLine (total);          // 10
}
```

Sie können ein params-Argument auch als normales Array angeben. Die erste Zeile in Main ist semantisch äquivalent zu dieser hier:

```
int total = Sum (new int[] { 1, 2, 3, 4 } );
```

var: Implizit typisierte lokale Variablen

Häufig deklarieren und initialisieren Sie eine Variable in einem Schritt. Wenn der Compiler den Typ aus dem Initialisierungsausdruck ermitteln kann, können Sie das Wort var statt der Typdeklaration nutzen, zum Beispiel:

```
var x = 5;
var y = "Hallo";
var z = new System.Text.StringBuilder( );
var req = (System.Net.FtpWebRequest)
          System.Net.WebRequest.Create ("...");
```

Das ist das Gleiche wie:

```
int    x = 5;
string y = "Hallo";

System.Text.StringBuilder z =
  new System.Text.StringBuilder( );

System.Net.FtpWebRequest req =
  (System.Net.FtpWebRequest)
  System.Net.WebRequest.Create ("...");
```

Aufgrund dieser direkten Äquivalenz sind implizit typisierte Variablen statisch typisiert. Der folgende Code würde zum Beispiel zu einem Kompilierungsfehler führen:

```
var x = 5;
x = "Hallo";     // Kompilierungsfehler; x hat den Typ int
```

HINWEIS

var kann die Lesbarkeit des Codes verschlechtern, wenn Sie den Typ nicht direkt durch einen Blick auf die Variablendeklaration erkennen können, zum Beispiel:

```
Random r = new Random( );
var x = r.Next( );
```

Welchen Typ hat x?

Im Abschnitt »Anonyme Typen« beschreiben wir ein Szenario, in dem var genutzt werden muss.

Ausdrücke und Operatoren

Ein *Ausdruck* entspricht prinzipiell einem Wert. Die einfachste Form eines Ausdrucks ist eine Konstante oder eine Variable. Ausdrücke können mithilfe von Operatoren umgewandelt und kombiniert werden. Ein *Operator* erwartet einen oder mehrere *Operanden* als Eingabe, um einen neuen Ausdruck auszugeben.

Hier ein Beispiel eines *konstanten Ausdrucks*:

```
12
```

Wir können den Operator * nutzen, um zwei Operanden zu kombinieren (die literalen Ausdrücke 12 und 30):

```
12 * 30
```

Komplexe Ausdrücke können gebaut werden, da ein Operand selbst ein Ausdruck sein kann, wie zum Beispiel der Operand (12 * 30) im folgenden Beispiel:

```
1 + (12 * 30)
```

Operatoren sind in C# als *unär*, *binär* oder *ternär* klassifiziert – abhängig von der Zahl der Operanden, mit denen sie arbeiten (einer, zwei oder drei). Die binären Operatoren verwenden immer die *Infix*-Notation, bei der der Operator *zwischen* den beiden Operanden platziert ist.

Primäre Ausdrücke

Primäre Ausdrücke enthalten Ausdrücke, die aus Operatoren zusammengesetzt wurden, die direkt in der Sprache enthalten sind:

```
Math.Log (1)
```

Dieser Ausdruck enthält zwei primäre Ausdrücke. Der erste Ausdruck führt ein Member-Lookup durch (mit dem Operator .), während der zweite einen Methodenaufruf startet (durch den Operator ( )).

Void-Ausdrücke

Ein *Void-Ausdruck* ist ein Ausdruck, der keinen Wert zurückgibt:

```
Console.WriteLine (1)
```

Ein Void-Ausdruck kann nicht als Operand genutzt werden, um komplexere Ausdrücke zu erstellen – da er keinen Wert hat:

```
1 + Console.WriteLine(1)      // Kompilierungsfehler
```

Zuweisungsausdrücke

Ein Zuweisungsausdruck nutzt den Operator =, um einer Variablen das Ergebnis eines anderen Ausdrucks zuzuweisen:

```
x = x * 5
```

Ein Zuweisungsausdruck ist kein Void-Ausdruck. Er gibt den zugewiesenen Wert aus und kann daher in einem anderen Ausdruck verwendet werden. Im folgenden Beispiel wird x der Wert 2 und y der Wert 10 zugewiesen:

```
y = 5 * (x = 2)
```

Durch solch einen Stil können mehrere Variablen initialisiert werden:

```
a = b = c = d = 0
```

Die *zusammengesetzten Zuweisungsoperatoren* sind syntaktische Abkürzungen, die eine Zuweisung mit einem anderen Operator kombinieren:

```
x *= 2    // entspricht x = x * 2
x <<= 1   // entspricht x = x << 1
```

Priorität und Assoziativität von Operatoren

Wenn ein Ausdruck mehrere Operatoren enthält, bestimmen die *Priorität* und *Assoziativität* die Auswertungsreihenfolge. Operatoren mit einer höheren Priorität werden vor Operatoren mit einer niedrigeren Priorität ausgeführt. Wenn die Operatoren die gleiche Priorität haben, bestimmt die Assoziativität die Reihenfolge der Auswertung.

Priorität

Der folgende Ausdruck:

```
1 + 2 * 3
```

wird wie folgt ausgewertet, da * eine höhere Priorität als + besitzt:

```
1 + (2 * 3)
```

Links-assoziative Operatoren

Binäre Operatoren (mit Ausnahme der Zuweisungsoperatoren) sind *links-assoziativ*, sie werden also von links nach rechts ausgewertet. So wird zum Beispiel der folgende Ausdruck:

```
8 / 4 / 2
```

aufgrund der Links-Assoziativität so ausgewertet:

```
( 8 / 4 ) / 2    // 1
```

Sie können Klammern einfügen, um die Standardreihenfolge bei der Auswertung zu ändern:

```
8 / ( 4 / 2 )    // 4
```

Rechts-assoziative Operatoren

Die *Zuweisungsoperatoren*, die unären Operatoren und der bedingte Operator sind *rechts-assoziativ* – sie werden also von rechts nach links ausgewertet:

```
int x = 0;
int y = -~x;    // 1   (erst Komplement, dann Negation)
int z = ~-x;    // -1  (erst Negation, dann Komplement)
```

Operator-Tabelle

Tabelle 1 führt die C#-Operatoren in der Reihenfolge ihrer Priorität auf. Operatoren in der gleichen Kategorie haben die gleiche Priorität. Siehe auch den Abschnitt »Überladen von Operatoren« mit Informationen über das Überladen von Operatoren.

Tabelle 1: C#-Operatoren (Kategorien in der Reihenfolge der Priorität)

Operator-Symbol	Operator-Name	Beispiel	Überladbar
Primär (höchste Priorität)			
`()`	Gruppieren	`while(x)`	nein
`.`	Member-Zugriff	`x.y`	nein
`->`	Zeiger auf Struct (unsicher)	`x->y`	nein
`()`	Funktionsaufruf	`x()`	nein
`[]`	Array/Index	`a[x]`	über Indexer
`++`	Post-Inkrement	`x++`	ja
`--`	Post-Dekrement	`x--`	ja
`new`	Instanz erzeugen	`new Foo()`	nein
`stackalloc`	unsichere Stack-Allokation	`stackalloc (10)`	nein
`typeof`	Typ eines Bezeichners erhalten	`typeof (int)`	nein
`checked`	Ganzzahl-Überlaufprüfung an	`checked (x)`	nein
`unchecked`	Ganzzahl-Überlaufprüfung aus	`unchecked (x)`	nein
Unär			
`sizeof`	Größe einer Struktur	`sizeof (int)`	nein
`+`	positiver Wert von	`+x`	ja
`-`	negativer Wert von	`-x`	ja
`!`	nicht	`!x`	ja
`~`	bitweises Komplement	`~x`	ja
`++`	Prä-Inkrement	`++x`	ja
`--`	Prä-Dekrement	`--x`	ja
`()`	Cast	`(int)x`	nein
`*`	Wert an einer Adresse (unsicher)	`*x`	nein
`&`	Adresse eines Werts (unsicher)	`&x`	nein

Tabelle 1: C#-Operatoren (Kategorien in der Reihenfolge der Priorität) (Fortsetzung)

<table>
<tr><th>Operator-Symbol</th><th>Operator-Name</th><th>Beispiel</th><th>Überladbar</th></tr>
<tr><td>Multiplikativ</td><td></td><td></td><td></td></tr>
<tr><td>*</td><td>Multiplizieren</td><td>x * y</td><td>ja</td></tr>
<tr><td>/</td><td>Dividieren</td><td>x / y</td><td>ja</td></tr>
<tr><td>%</td><td>Rest</td><td>x % y</td><td>ja</td></tr>
<tr><td>Additiv</td><td></td><td></td><td></td></tr>
<tr><td>+</td><td>Addieren</td><td>x + y</td><td>ja</td></tr>
<tr><td>-</td><td>Subtrahieren</td><td>x - y</td><td>ja</td></tr>
<tr><td>Verschieben</td><td></td><td></td><td></td></tr>
<tr><td><<</td><td>nach links schieben</td><td>x >> 1</td><td>ja</td></tr>
<tr><td>>></td><td>nach rechts schieben</td><td>x << 1</td><td>ja</td></tr>
<tr><td>Relational</td><td></td><td></td><td></td></tr>
<tr><td><</td><td>kleiner als</td><td>x < y</td><td>ja</td></tr>
<tr><td>></td><td>größer als</td><td>x > y</td><td>ja</td></tr>
<tr><td><=</td><td>kleiner als oder gleich</td><td>x <= y</td><td>ja</td></tr>
<tr><td>>=</td><td>größer als oder gleich</td><td>x >= y</td><td>ja</td></tr>
<tr><td>is</td><td>Typ ist oder ist Unterklasse von</td><td>x is y</td><td>nein</td></tr>
<tr><td>as</td><td>Typkonvertierung</td><td>x as y</td><td>nein</td></tr>
<tr><td>Gleichheit</td><td></td><td></td><td></td></tr>
<tr><td>==</td><td>gleich</td><td>x == y</td><td>ja</td></tr>
<tr><td>!=</td><td>nicht gleich</td><td>x != y</td><td>ja</td></tr>
<tr><td>Logisches Und</td><td></td><td></td><td></td></tr>
<tr><td>&</td><td>Und</td><td>x & y</td><td>ja</td></tr>
<tr><td>Logisches Xor (Exklusives Oder)</td><td></td><td></td><td></td></tr>
<tr><td>^</td><td>Exklusives Oder</td><td>x ^ y</td><td>ja</td></tr>
<tr><td>Logisches Oder</td><td></td><td></td><td></td></tr>
<tr><td>|</td><td>Oder</td><td>x | y</td><td>ja</td></tr>
</table>

Tabelle 1: C#-Operatoren (Kategorien in der Reihenfolge der Priorität) (Fortsetzung)

Operator-Symbol	Operator-Name	Beispiel	Überladbar
Bedingtes Und			
&&	Bedingtes Und	`x && y`	über &
Bedingtes Oder			
||	Bedingtes Oder	`x || y`	über |
Bedingt			
?:	Bedingt	`isTrue ? thenThis : elseThis`	nein
Zuweisung			
=	Zuweisen	`x = y`	nein
*=	selbst multiplizieren mit	`x *= 2`	über *
/=	selbst dividieren durch	`x /= 2`	über /
+=	selbst addieren mit	`x += 2`	über +
-=	selbst subtrahieren von	`x -= 2`	über -
<<=	selbst nach links schieben um	`x <<= 2`	über <<
>>=	selbst nach rechts schieben um	`x >>= 2`	über >>
&=	selbst und mit	`x &= 2`	über &
^=	selbst Xor mit	`x ^= 2`	über ^
|=	selbst oder mit	`x |= 2`	über |
Lambda (niedrigste Priorität)			
=>	Lambda	`x => x + 1`	nein

Anweisungen

Funktionen enthalten *Anweisungen*, die in der Reihenfolge abgearbeitet werden, in der sie im Quelltext erscheinen. Ein *Anweisungsblock* ist eine Folge von Anweisungen, die zwischen geschweiften Klammern stehen (den Token {}).

Deklarationsanweisungen

Eine Deklarationsanweisung deklariert eine neue Variable und initialisiert sie optional mit einem Ausdruck. Eine Deklarationsanweisung endet mit einem Semikolon. Sie können mehrere Variablen desselben Typs in einer kommaseparierten Liste angeben:

```
string someWord = "Rosenknospe";
int someNumber = 42;
bool rich = true, famous = false;
```

Eine Deklaration einer Konstanten ist wie eine Variablendeklaration, nur dass die Variable nach der Deklaration nicht mehr geändert werden kann und die Initialisierung zusammen mit der Deklaration geschehen muss:

```
const double c = 2.99792458E08;
c+=10; // Fehler
```

Lokale Variablen

Der Geltungsbereich (Scope) einer lokalen oder konstanten Variablen reicht bis zum Ende des aktuellen Blocks. Sie können keine andere Variable mit dem gleichen Namen im aktuellen Block oder einem darin verschachtelten Block deklarieren:

```
static void Main()
{
  int x;
  {
    int y;
    int x;              // Fehler, x ist schon definiert
  }
  {
    int y;              // okay, y nicht im Scope
  }
  Console.WriteLine(y); // Fehler, y nicht im Scope
}
```

Ausdrucksanweisungen

Ausdrucksanweisungen sind Ausdrücke, die auch gültige Anweisungen sind. Eine Ausdrucksanweisung muss entweder einen Zustand ändern oder etwas aufrufen, das einen Zustand ändern kann. Das

Ändern des Zustands bedeutet normalerweise, eine Variable zu ändern. Die möglichen Ausdrucksanweisungen sind:

- Zuweisungsausdrücke (einschließlich Inkrement- und Dekrement-Ausdrücke)
- Methoden-Aufruf-Ausdrücke (sowohl void als auch nicht-void)
- Objekt-Instantiierungsausdrücke

Hier ein paar Beispiele:

```
// Variablen mit Deklarationsanweisungen deklarieren:
string s;
int x, y;
System.Text.StringBuilder sb;

// Ausdrucksanweisungen
x = 1 + 2;                  // Zuweisungsausdruck
x++;                        // Inkrement-Ausdruck
y = Math.Max (x, 5);        // Zuweisungsausdruck
Console.WriteLine (y);      // Methoden-Aufruf-Ausdruck
sb = new StringBuilder( );  // Zuweisungsausdruck
new StringBuilder( );       // Objekt-Instantiierungs-
                            // Ausdruck
```

Wenn Sie einen Konstruktor oder eine Methode aufrufen, der/die einen Wert zurückgibt, sind Sie nicht gezwungen, das Ergebnis zu nutzen. Wenn allerdings der Konstruktor oder die Methode keinen Zustand ändert, ist die Anweisung komplett nutzlos:

```
new StringBuilder( );      // legal, tut aber nichts
new string ('c', 3);       // legal, tut aber nichts
x.Equals (y);              // legal, tut aber nichts
```

Auswahlanweisungen

C# hat folgende Mechanismen, um den Kontrollfluss bei der Programmausführung bedingt zu verändern:

- Auswahlanweisungen (`if`, `switch`)
- Bedingter Operator (`? :`)
- Schleifenanweisungen (`while`, `do ... while`, `for`, `foreach`)

Dieser Abschnitt behandelt die einfachsten zwei Konstrukte: die `if-else`-Anweisung und die `switch`-Anweisung.

Die if-Anweisung

Eine if-Anweisung führt Code in Abhängigkeit davon aus, ob ein bool-Ausdruck wahr ist:

```
if (5 < 2 * 3)
{
  Console.WriteLine ("true");        // true
}
```

Wenn der Code aus einer einzelnen Anweisung besteht, können Sie die geschweiften Klammern weglassen:

```
if (5 < 2 * 3)
  Console.WriteLine ("true");        // true
```

Die else-Klausel

Einer if-Anweisung kann optional eine else-Klausel folgen:

```
if (2 + 2 == 5)
  Console.WriteLine ("Wird nicht ausgeführt");
else
  Console.WriteLine ("false");          // false
```

Innerhalb einer else-Klausel können Sie eine weitere if-Anweisung verschachteln:

```
if (2 + 2 == 5)
  Console.WriteLine ("Wird nicht ausgeführt");
else
  if (2 + 2 == 4)
    Console.WriteLine ("Berechnet");     // Berechnet
```

Änderung des Programmflusses durch geschweifte Klammern

Eine else-Klausel gehört immer zur direkt davor befindlichen if-Anweisung im Anweisungsblock:

```
if (true)
  if (false)
    Console.WriteLine( );
  else
    Console.WriteLine("wird ausgeführt");
```

Das ist semantisch identisch mit:

```
if (true)
{
  if (false)
    Console.WriteLine();
  else
    Console.WriteLine("wird ausgeführt");
}
```

Wir können den Programmablauf ändern, indem wir die Klammern verschieben:

```
if (true)
{
  if (false)
    Console.WriteLine();
}
else
  Console.WriteLine("wird nicht ausgeführt");
```

Mit geschweiften Klammern machen Sie Ihre Wünsche expliziter. Das kann die Lesbarkeit verschachtelter `if`-Anweisungen verbessern – selbst wenn die Klammern nicht vom Compiler benötigt werden. Eine Ausnahme gibt es bei folgendem Muster:

```
static void TellMeWhatICanDo (int age)
{
  if (age >= 35)
    Console.WriteLine ("Sie können Präsident werden!");
  else if (age >= 21)
    Console.WriteLine ("Sie können Alkohol trinken!");
  else if (age >= 18)
    Console.WriteLine ("Sie können wählen!");
  else
    Console.WriteLine ("Sie können warten!");
}
```

Hier haben wir die `if`- und `else`-Anweisungen so angeordnet, dass das »elsif«-Konstrukt anderer Sprachen (und die Präprozessor-Direktive `#elif` von C#) simuliert wird. Die Auto-Formatierungshilfe von Visual Studio erkennt dieses Muster und behält die Einrückung bei. Semantisch ist eigentlich jede `if`-Anweisung, die einer `else`-Anweisung folgt, funktional in der `else`-Anweisung verschachtelt.

Die switch-Anweisung

switch-Anweisungen ermöglichen es Ihnen, den Programmablauf basierend auf einer Auswahl möglicher Werte einer Variablen zu verzweigen. switch-Anweisungen können zu saubererem Code im Vergleich zu mehreren aufeinanderfolgenden if-Anweisungen führen, da ein Ausdruck bei switch-Anweisungen nur einmal ausgewertet werden muss:

```
static void ShowCard (int cardNumber)
{
  switch (cardNumber)
  {
    case 13:
      Console.WriteLine ("König");
      break;
    case 12:
      Console.WriteLine ("Dame");
      break;
    case 11:
      Console.WriteLine ("Bube");
      break;
    case -1:         // Joker
      goto case 12;  // Joker soll als Dame zählen
    default:         // für alle anderen cardNumber
      Console.WriteLine (cardNumber);
      break;
  }
}
```

Sie können nur in Abhängigkeit von einem Ausdruck verzweigen, dessen Typ sich statisch evaluieren lässt – was das Ganze auf die primitiven Typen, string-Typen und enum-Typen beschränkt.

Am Ende jeder case-Klausel müssen Sie explizit sagen, wo die Verarbeitung im Programm weitergehen soll. Dazu nutzen Sie Sprunganweisungen. Folgende Optionen stehen Ihnen zur Verfügung:

- break (springt an das Ende der switch-Anweisung)
- goto case *x* (springt zu einer anderen case-Klausel)
- goto default (springt zur default-Klausel)
- jede beliebige andere Sprunganweisung – also return, throw, continue oder goto *label*

Wenn für mehr als einen Wert der gleiche Code ausgeführt werden soll, können Sie die gemeinsamen case-Klauseln hintereinander auflisten:

```
switch (cardNumber)
{
  case 13:
  case 12:
  case 11:
    Console.WriteLine ("Bildkarte");break;
  default:
    Console.WriteLine ("Normale Karte");break;
}
```

Dieses Feature einer `switch`-Anweisung kann in Bezug auf das Schreiben saubereren Codes im Vergleich zu mehreren `if-else`-Anweisungen entscheidend sein.

Iterationsanweisungen

C# ermöglicht es, eine Abfolge von Anweisungen mit den Anweisungen `while`, `do-while` und `for` wiederholt auszuführen.

while- und do-while-Schleifen

`while`-Schleifen wiederholen Code, solange ein `bool`-Ausdruck wahr ist. Der Ausdruck wird geprüft, *bevor* die Schleife ausgeführt wird:

```
int i = 0;
while (i < 3)
{
  Console.Write (i);        // 012
  i++;
}
```

`do-while`-Schleifen unterscheiden sich von `while`-Schleifen dadurch, dass sie den Ausdruck prüfen, *nachdem* der Anweisungsblock durchlaufen wurde. So sieht das obige Beispiel mit einer `do-while`-Schleife aus:

```
int i = 0;
do
{
  Console.WriteLine(i);
  i++;
```

```
}
while (i < 3);
```

for-Schleifen

`for`-Schleifen sind wie `while`-Schleifen mit besonderen Klauseln für die *Initialisierung* und das *Iterieren* einer Schleifenvariablen. Eine `for`-Schleife besteht aus drei Klauseln:

```
for (Initialisierungsklausel;
     Bedingungsklausel;
     Iterationsklausel)
  Anweisung oder Anweisungsblock
```

Initialisierungsklausel
: Wird ausgeführt, bevor die Schleife beginnt. Wird verwendet, um eine oder mehrere Variablen zu initialisieren.

Bedingungsklausel
: Ein `bool`-Ausdruck, der vor jedem Schleifendurchlauf geprüft wird. Ist er `false`, wird der Durchlauf abgebrochen.

Iterationsklausel
: Wird *nach* jeder Iteration des Anweisungsblocks ausgeführt, normalerweise um die Schleifenvariable zu aktualisieren.

Der folgende Code gibt zum Beispiel die Zahlen von 0 bis 2 aus:

```
for (int i = 0; i < 3; i++)
  Console.WriteLine (i);
```

Von den drei Teilen der `for`-Anweisung können beliebige weggelassen werden. Sie können eine unendliche Schleife wie folgt erzeugen (auch wenn man stattdessen `while(true)` nutzen kann):

```
for (;;)
  Console.WriteLine("unterbrich mich");
```

foreach-Schleifen

Die `foreach`-Schleife iteriert über jedes Element eines aufzählbaren Objekts. Die meisten Typen in C# und dem .NET Framework, die eine Menge oder Liste von Elementen repräsentieren, sind aufzählbar (*enumerable*). So sind zum Beispiel sowohl ein Array als auch ein String aufzählbar. Hier ein Beispiel für das Enumerieren der Zeichen eines Strings – vom ersten bis zum letzten Zeichen:

```
foreach (char c in "Bier")
  Console.Write (c + " ");          // B i e r
```

Wir definieren aufzählbare Objekte im Abschnitt »Enumeration und Iteratoren«.

Sprunganweisungen

Die Sprunganweisungen in C# sind `break`, `continue`, `goto`, `return` und `throw`. Sprunganweisungen halten sich an die Zuverlässigkeitsregeln von `try`-Anweisungen (siehe den Abschnitt »try-Anweisungen und Exceptions«). So wird bei einem Sprung aus einem `try`-Block immer der entsprechende `finally`-Block ausgeführt, bevor das Ziel des Sprungs erreicht wird. Und ein Sprung kann nicht aus dem Inneren eines `finally`-Blocks nach außen vorgenommen werden.

Die break-Anweisung

Die `break`-Anweisung beendet die Ausführung des Codes in einer `while`- oder `for`-Schleife sowie einer `switch`-Anweisung:

```
int x = 0;
while (true)
{
  if (x++ > 5)
    break;        // Beende die Schleife
}
// Ausführung wird nach dem Break hier fortgesetzt
...
```

Die continue-Anweisung

Die `continue`-Anweisung übergeht die restlichen Anweisungen einer Schleife und geht zur nächsten Iteration weiter. Die folgende Schleife *überspringt* alle geraden Zahlen:

```
for (int i = 0; i < 10; i++)
{
  if ((i % 2) == 0) continue;
  Console.Write (i + " ");      // 1 3 5 7 9
}
```

Die goto-Anweisung

Die goto-Anweisung übergibt die Ausführung an ein anderes Label innerhalb des Anweisungsblocks. Die Form sieht so aus:

```
goto Label-Anweisung;
```

oder innerhalb einer switch-Anweisung:

```
goto case case-Konstante;
```

Eine Label-Anweisung ist nur ein Platzhalter in einem Codeblock, der durch ein Doppelpunkt am Ende gekennzeichnet ist. Das folgende Beispiel iteriert über die Zahlen 1 bis 5 und simuliert damit eine for-Schleife:

```
int i = 1;
startLoop:
if (i <= 5)
{
  Console.Write (i + " ");    // 1 2 3 4 5
  i++;
  goto startLoop;
}
```

Die goto case-Anweisung übergibt die Ausführung an ein anderes case-Label in einem switch-Block (siehe den Abschnitt »Die switch-Anweisung« weiter oben).

Die return-Anweisung

Die return-Anweisung beendet die Methode und muss einen Ausdruck mit dem Rückgabetyp der Methode zurückgeben, wenn dieser nicht void ist:

```
static decimal AsPercentage (decimal d)
{
  decimal p = d * 100m;
  return p;             // zurück zur aufrufenden Methode
                        // mit Wert
}
```

Eine return-Anweisung kann überall in einer Methode vorkommen.

Die throw-Anweisung

Die `throw`-Anweisung wirft eine Exception, um zu zeigen, dass ein Fehler eingetreten ist (siehe den Abschnitt »try-Anweisungen und Exceptions«):

```
if (w == null)
  throw new ArgumentNullException (...);
```

Weitere Anweisungen

Die `lock`-Anweisung ist eine syntaktische Abkürzung für das Aufrufen der Methoden `Enter` und `Exit` der Klasse `Monitor`, die exklusive Sperrfunktionalität für Multithread-Programme bereitstellen. (Umfangreiche englischsprachige Informationen über Multithreading finden Sie unter *www.albahari.com/threading/*.)

Die `using`-Anweisung stellt eine elegante Syntax für das Deklarieren einer lokalen Variablen bereit, die `IDisposable` implementiert (siehe den Abschnitt »try-Anweisungen und Exceptions«).

HINWEIS

C# überlädt das Schlüsselwort `using` mit unterschiedlichen Bedeutungen in unterschiedlichen Kontexten. Insbesondere unterscheidet sich die `using`-*Direktive* von der `using`-*Anweisung*.

Namensräume

Ein *Namensraum* ist eine Domäne, in der Namen von Typen eindeutig sein müssen. Typen werden normalerweise innerhalb von hierarchischen Namensräumen organisiert – um Namenskonflikte zu vermeiden und die Typen leichter zu finden. So ist zum Beispiel der `RSA`-Typ, der die Verschlüsselung mit öffentlichen Schlüsseln behandelt, im folgenden Namensraum definiert:

```
System.Security.Cryptography
```

Ein Namensraum gehört direkt zum Namen eines Typs. Der folgende Code ruft die Methode `Create` von `RSA` auf:

```
System.Security.Cryptography.RSA rsa =
  System.Security.Cryptography.RSA.Create( );
```

HINWEIS

Namensräume sind unabhängig von Assemblies, bei denen es sich um Auslieferungseinheiten wie *.exe* oder *.dll* handelt. Namensräume haben auch keinen Einfluss auf die Sichtbarkeit von Membern – `public`, `internal`, `private` und so weiter.

Das Schlüsselwort `namespace` definiert einen Typ innerhalb eines Namensraums:

```
namespace Outer.Middle.Inner
{
  class Class1 {}
  class Class2 {}
}
```

Die Punkte im Namensraum stehen für eine Hierarchie verschachtelter Namensräume. Der folgende Code ist mit dem vorigen Beispiel semantisch identisch:

```
namespace Outer
{
  namespace Middle
  {
    namespace Inner
    {
      class Class1 {}
      class Class2 {}
    }
  }
}
```

Sie können einen Typ über seinen *vollständig qualifizierten Namen* ansprechen, zu dem alle Namensräume gehören – vom äußersten bis zum innersten. So könnten wir zum Beispiel auf die `Class1` aus dem vorigen Beispiel über `Outer.Middle.Inner.Class1` zugreifen.

Typen, die in keinem Namensraum definiert sind, liegen im *globalen Namensraum*. Zum globalen Namensraum gehören auch die obersten Namensräume, wie zum Beispiel `Outer` in unserem Beispiel.

Die using-Direktive

Die `using`-Direktive *importiert* einen Namensraum. Das ist eine praktische Möglichkeit, auf Typen zugreifen zu können, ohne ihre vollständig qualifizierten Namen angeben zu müssen:

```
using Outer.Middle.Inner;

class Test     // Test ist im globalen Namensraum
{
  static void Main( )
  {
    Class1 c;     // vollständig qualifizierter
                  // Namensraum ist nicht nötig
  }
}
```

Eine `using`-Direktive kann innerhalb eines Namensraums selbst angegeben werden, um den Geltungsbereich der Direktive einzuschränken.

Regeln innerhalb eines Namensraums

Geltungsbereich von Namen

Alle Namen, die in äußeren Namensräumen definiert sind, werden implizit in innere Namensräume importiert. In diesem Beispiel werden die Namen `Middle` und `Class1` implizit in `Inner` importiert:

```
namespace Outer
{
  namespace Middle
  {
    class Class1 {}

    namespace Inner
    {
      class Class2 : Class1 {}
    }
  }
}
```

Wenn Sie auf einen Typ in einem anderen Zweig Ihrer Namensraum-Hierarchie zugreifen wollen, können Sie einen teilweise qualifizierten Namen nutzen. Im folgenden Beispiel lassen wir `SalesReport` auf `Common.ReportBase` basieren:

```
namespace MyTradingCompany
{
  namespace Common
  {
    class ReportBase {}
  }
  namespace ManagementReporting
  {
    class SalesReport : Common.ReportBase {}
  }
}
```

Verbergen von Namen

Wenn der gleiche Typname sowohl in einem inneren als auch in einem äußeren Namensraum auftritt, gewinnt der innere Name. Um auf den äußeren Namen zugreifen zu können, müssen Sie seinen vollständig qualifizierten Namen verwenden.

HINWEIS

Alle Typnamen werden zur Kompilierungszeit in vollständig qualifizierte Namen konvertiert. Der Intermediate Language-(IL-)Code enthält keine unqualifizierten oder teilweise qualifizierten Namen.

Der Qualifizierer global::

Gelegentlich kann ein vollständig qualifizierter Typname mit einem inneren Namen in Konflikt geraten. Sie können C# dazu zwingen, den vollständig qualifizierten Typnamen zu nutzen, indem Sie ihm das Präfix `global::` voranstellen:

```
global::System.Text.StringBuilder sb;
```

Wiederholte Namensräume

Sie können eine Namensraumdeklaration wiederholen, solange die Typnamen im Namensraum nicht für Konflikte sorgen:

```
namespace Outer.Middle.Inner { class Class1 {} }
namespace Outer.Middle.Inner { class Class2 {} }
```

Aliase für Typen und Namensräume

Das Importieren eines Namensraums kann zu Kollisionen bei Typnamen führen. Anstatt den gesamten Namensraum zu importieren, können Sie nur die für Sie notwendigen Typen importieren und jedem einen Aliasnamen geben:

```
using PropertyInfo2 = System.Reflection.PropertyInfo;

class Program { PropertyInfo2 p; }
```

Es kann auch ein gesamter Namensraum mit einem Alias versehen werden:

```
using R = System.Reflection;

class Program { R.PropertyInfo p; }
```

Klassen

Eine *Klasse* ist die am häufigsten verwendete Form eines Referenz-Typs. Die einfachste mögliche Klassendeklaration sieht so aus:

```
class YourClassName
{
}
```

Eine komplexere Klasse kann optional haben:

vor dem Schlüsselwort `class`	Attribute und Klassenmodifikatoren. Die Modifikatoren für nicht verschachtelte Klassen sind `public`, `internal`, `abstract`, `sealed`, `static`, `unsafe` und `partial`.
nach `YourClassName`	Generische Typparameter, eine Basisklasse und Interfaces.
innerhalb der geschweiften Klammern	Klassen-Member (das sind Methoden, Eigenschaften, Indexer, Events, Felder, Konstruktoren, Operator-Funktionen, eingebettete Typen und ein Finalizer).

Felder

Ein *Feld* ist eine Variable, die ein Member einer Klasse oder eines Struct ist:

```
class Octopus
{
  string name;
  public int Age = 10;
}
```

Ein Feld kann den Modifikator `readonly` haben, um zu verhindern, dass es nach dem Erstellen verändert wird. Einem nur lesbaren Feld kann lediglich während seiner Deklaration oder im Konstruktor des Typs, der es enthält, ein Wert zugewiesen werden.

Feld-Initialisierung

Die Initialisierung eines Felds ist optional. Ein nicht initialisiertes Feld hat einen Standardwert (`0`, `\0`, `null`, `false`). Feld-Initialisierer werden noch vor den Konstruktoren ausgeführt:

```
string name = "anonym";
```

Gemeinsames Deklarieren mehrerer Felder

Aus Gründen der Bequemlichkeit können Sie mehrere Felder des gleichen Typs in einer kommaseparierten Liste deklarieren. Das ist praktisch für Felder, die die gleichen und Feldmodifikatoren haben:

```
static readonly int legs = 8, eyes = 1;
```

Methoden

Eine Methode führt eine Aktivität als Abfolge von Anweisungen aus. Sie kann Eingabedaten vom aufrufenden Code bekommen, indem Parameter spezifiziert werden, und Ausgabedaten an den Aufrufenden zurückgeben, indem ein Rückgabetyp angegeben wird. Eine Methode kann als Rückgabetyp `void` spezifizieren und damit zeigen, dass sie keinen Wert zurückgeben wird. Sie kann zudem Daten an den Aufrufenden über `ref`/`out`-Parameter übermitteln.

Die *Signatur* einer Methode muss innerhalb des Typs eindeutig sein. Sie besteht aus dem Namen der Methode und den Parametertypen (aber nicht den Parameternamen oder dem Rückgabetyp).

Überladen von Methoden

Ein Typ kann Methoden überladen (also mehrere Methoden mit dem gleichen Namen haben), solange sich ihre Signaturen unterscheiden. So können zum Beispiel die folgenden Methoden alle gemeinsam im gleichen Typ existieren:

```
void Foo (int x);
void Foo (double x);
void Foo (int x, float y);
void Foo (float x, int y);
```

Beim Methodenaufruf wählt der Compiler die Überladung mit der passenden Signatur. In C# 4.0 wird bei Signaturunterschieden durch optionale Argumente die Überladung gewählt, bei deren Aufruf keine optionalen Argumente weggelassen werden. Haben Sie Methoden mit den Signaturen

```
Between(int val);
Between(int val, int low = 0, int high = 10);
```

wählt der Compiler beim Aufruf `Between(3)` die erste aus.

Allerdings können die folgenden beiden Methoden nicht gemeinsam in einem Typ vorkommen, da der Rückgabetyp und der Modifikator `params` nicht Teil der Signatur einer Methode sind:

```
void  Foo (int x);
float Foo (int x);           // Kompilierungsfehler

void  Goo (int[] x);
void  Goo (params int[] x);  // Kompilierungsfehler
```

Übergabe als Wert versus Übergabe als Referenz

Zu einer Signatur gehört, ob ein Parameter als Wert oder als Referenz übergeben wird. So kann zum Beispiel `Foo(int)` durchaus parallel sowohl zu `Foo(ref int)` als auch zu `Foo(out int)` existieren. Allerdings können `Foo(ref int)` und `Foo(out int)` nicht parallel bestehen:

```
void Foo (int x);
void Foo (ref int x);       // so weit in Ordnung
void Foo (out int x);       // Kompilierungsfehler
```

Instanz-Konstruktor

Konstruktoren führen Initialisierungscode für eine Klasse oder einen Struct aus. Ein Konstruktor wird wie eine Methode definiert, nur dass der Methodenname und der Rückgabewert auf den Namen des Typs reduziert werden, in dem sich der Konstruktor befindet:

```
public class Panda
{
  string name;                  // Definiere Feld
  public Panda (string n)       // Definiere Konstruktor
  {
    name = n;                   // Initialisierungscode
                                // (Feld befüllen)
  }
}
...

Panda p = new Panda ("Petey");  // Rufe Konstruktor auf
```

Überladen von Konstruktoren

Eine Klasse oder ein Struct kann mehrere überladene Konstruktoren haben. Um doppelten Code zu vermeiden, kann ein Konstruktor einen anderen mithilfe des Schlüsselworts `this` aufrufen:

```
using System;

public class Wine
{
  public decimal Price;
  public int Year;

  public Wine (decimal price) { Price = price; }

  public Wine (decimal price, int year)
              : this (price) { Year = year; }
}
```

Wenn ein Konstruktor einen anderen aufruft, wird der aufgerufene Konstruktor zuerst ausgeführt.

Sie können einem anderen Konstruktor einen Ausdruck wie folgt übermitteln:

```
public Wine (decimal price, DateTime year)
            : this (price, year.Year) { }
```

Der Ausdruck selbst kann nicht auf die Referenz `this` zurückgreifen, um zum Beispiel eine Instanz-Methode aufzurufen. Allerdings können dabei statische Methoden genutzt werden.

Implizite parameterlose Konstruktoren

Für Klassen generiert der C#-Compiler automatisch einen parameterlosen Konstruktor, wenn (und nur wenn) Sie keinerlei eigene Konstruktoren definiert haben. Sobald Sie aber mindestens einen Konstruktor definiert haben, wird der parameterlose Konstruktor nicht länger automatisch generiert.

Bei Structs gehört ein parameterloser Konstruktor automatisch zum Struct, daher können Sie keinen eigenen definieren. Die Aufgabe eines impliziten parameterlosen Konstruktors eines Struct ist es, jedes Feld mit Standardwerten zu befüllen.

Reihenfolge von Feld-Initialisierung und Konstruktor

Wir haben schon gesehen, dass Felder bei ihrer Deklaration mit Standardwerten initialisiert werden können:

```
class Player
{
  int shields = 50;    // zuerst initialisiert
  int health = 100;    // als Zweites initialisiert
}
```

Die Feld-Initialisierung geschieht, *bevor* der Konstruktor ausgeführt wird. Dabei wird in der Deklarationsreihenfolge der Felder vorgegangen.

Nicht öffentliche Konstruktoren

Konstruktoren müssen nicht öffentlich sein. Ein guter Grund für einen nicht öffentlichen Konstruktor ist, die Instanzerzeugung über einen statischen Methodenaufruf zu kontrollieren. Mit diesem Aufruf kann dann zum Beispiel ein Objekt aus einem Pool zurückgegeben werden, anstatt ein neues Objekt zu erzeugen, oder es wird abhängig von den Eingabewerten eine Instanz einer Subklasse zurückgegeben.

Objekt-Initialisierer

Um die Objekt-Initialisierung zu vereinfachen, können die von außen erreichbaren Felder oder Eigenschaften eines Objekts mit einer einzelnen Anweisung direkt nach dem Erzeugen initialisiert werden. Schauen Sie sich zum Beispiel die folgende Klasse an:

```
public class Bunny
{
  public string Name;
  public bool LikesCarrots;
  public bool LikesHumans;

  public Bunny () { }
  public Bunny (string n) { Name = n; }
}
```

Mithilfe von Objekt-Initialisierern können Sie Bunny-Objekte wie folgt initialisieren:

```
// Bei parameterlosen Konstruktoren können
// die leeren Klammern weggelassen werden.

Bunny b1 = new Bunny {
                       Name="Bo",
                       LikesCarrots = true,
                       LikesHumans = false
                     };

Bunny b2 = new Bunny ("Bo") {
                              LikesCarrots = true,
                              LikesHumans = false
                            };
```

Die Referenz this

Die Referenz this verweist auf die Instanz selbst. Im folgenden Beispiel nutzt die Methode Marry dieses this, um das Feld Mate von partner zu setzen:

```
public class Panda
{
  public Panda Mate;

  public void Marry (Panda partner)
  {
    Mate = partner;
    partner.Mate = this;
  }
}
```

Die Referenz this sorgt zudem für das Auflösen möglicher Mehrdeutigkeiten zwischen lokale Variablen oder Argumenten und einem Feld:

```
public class Test
{
  string name;
  public Test (string name) { this.name = name; }
}
```

Die Referenz this ist nur bei nicht statischen Membern einer Klasse oder eines Struct gültig.

Eigenschaften

Eigenschaften sehen von außen wie Felder aus, verhalten sich aber im Inneren wie Methoden. So können Sie zum Beispiel durch einen Blick auf den folgenden Code nicht feststellen, ob CurrentPrice ein Feld oder eine Eigenschaft ist:

```
Stock msft = new Stock( );
msft.CurrentPrice = 30;
msft.CurrentPrice -= 3;
Console.WriteLine (msft.CurrentPrice);
```

Eine Eigenschaft wird wie ein Feld deklariert, besitzt aber zusätzlich einen get/set-Block. So wird CurrentPrice als Eigenschaft implementiert:

```
public class Stock
{
  decimal currentPrice;  // privates Feld im Hintergrund

  public decimal CurrentPrice // öffentliche Eigenschaft
```

```
    {
        get { return currentPrice; }
        set { currentPrice = value; }
    }
}
```

get und set sind Eigenschafts-*Accessors*. Der get-Accessor wird ausgeführt, wenn die Eigenschaft gelesen wird. Sie müssen einen Wert mit dem Typ der Eigenschaft zurückgeben. Der set-Accessor wird ausgeführt, wenn der Eigenschaft ein Wert zugewiesen wird. Er hat einen impliziten Parameter namens value mit dem Typ der Eigenschaft, den Sie meist einem privaten Feld zuweisen (in diesem Fall currentPrice).

Auch wenn Eigenschaften auf die gleiche Art und Weise angesprochen werden wie Felder, unterscheiden sie sich darin, dass der Implementierer bei ihnen die vollständige Kontrolle über das Lesen und Schreiben ihrer Werte erhält. Diese Kontrolle ermöglicht es ihm, eine für ihn bevorzugte interne Repräsentation zu wählen, ohne die internen Details dem Anwender der Eigenschaft preisgeben zu müssen. In diesem Beispiel könnte die set-Methode eine Exception werfen, wenn sich value außerhalb eines gewissen Wertebereichs befände.

HINWEIS

In diesem Buch nutzen wir häufig öffentliche Felder, um die Beispiele einfach zu halten. In einer echten Anwendung werden Sie meist öffentliche Eigenschaften bevorzugen, um die Kapselung zu fördern.

Nur lesbare und berechnete Eigenschaften

Auf eine Eigenschaft lässt sich nur lesend zugreifen, wenn nur ein get-Accessor angegeben ist, während sie nur beschreibbar ist, wenn es nur einen set-Accessor gibt. Allerdings werden Eigenschaften, die nur beschreibbar sind, selten verwendet.

Eine Eigenschaft hat meist ein eindeutig zugehöriges privates Feld »im Hintergrund«, in dem die zugrunde liegenden Daten abgelegt werden. Allerdings kann eine Eigenschaft auch aus anderen Daten berechnet werden, zum Beispiel:

```
decimal currentPrice, sharesOwned;

public decimal Worth
{
  get { return currentPrice * sharesOwned; }
}
```

Automatische Eigenschaften

Die häufigste Implementierung einer Eigenschaft ist ein Getter und/oder Setter, der einfach ein privates Feld des gleichen Typs wie die Eigenschaft liest und schreibt. Eine Deklaration einer *automatischen Eigenschaft* weist den Compiler an, diese Implementierung bereitzustellen. Wir können das erste Beispiel dieses Abschnitts wie folgt umschreiben:

```
public class Stock
{
  ...
  public decimal CurrentPrice { get; set; }
}
```

Der Compiler generiert automatisch ein privates Feld mit vom Compiler generierten Namen im Hintergrund, auf das nicht zugegriffen werden kann. Der set-Accessor kann als `private` gekennzeichnet werden, wenn Sie die Eigenschaft als für andere Typen nur lesbar bereitstellen wollen.

Sichtbarkeit von get und set

Die get- und set-Accessors können unterschiedliche Sichtbarkeit haben. Oft hat man eine `public` Eigenschaft mit einem `internal` oder `private` Zugriffsmodifikator für den Setter:

```
private decimal x;
public decimal X
{
  get          { return x;  }
  internal set { x = value; }
}
```

Indexer

Indexer stellen eine natürliche Syntax für den Zugriff auf die Elemente einer Klasse oder eines Struct bereit, die eine Liste oder ein Dictionary kapselt. Indexer ähneln Eigenschaften, werden aber über ein Indexargument statt über einen Eigenschaftsnamen angesprochen. Die Klasse `string` hat einen Indexer, mit dem Sie auf jeden einzelnen `char`-Wert über einen `int`-Index zugreifen können:

```
string s = "Hallo";
Console.WriteLine (s[0]); // 'H'
Console.WriteLine (s[3]); // 'l'
```

Die Syntax für die Verwendung von Indexern entspricht der von Arrays, wenn der Index ein Integer-Typ ist.

HINWEIS

Indexer erlauben die gleichen Modifikatoren wie Eigenschaften (siehe den vorigen Abschnitt über Eigenschaftsmodifikatoren).

Implementieren eines Indexers

Um einen Indexer zu schreiben, definieren Sie eine Eigenschaft mit dem Namen `this` und geben die Argumente in eckigen Klammern an:

```
class Sentence
{
  string[] words = "The quick brown fox".Split( );

  public string this [int wordNum]      // Indexer
  {
    get { return words [wordNum];  }
    set { words [wordNum] = value; }
  }
}
```

Und so könnten wir den Indexer nutzen:

```
Sentence s = new Sentence( );
Console.WriteLine (s[3]);       // fox
s[3] = "kangaroo";
Console.WriteLine (s[3]);       // kangaroo
```

Ein Typ kann mehrere Indexer deklarieren, bei denen jeder Parameter einen anderen Typ hat. Ein Indexer kann auch mehr als einen Parameter erwarten:

```
public string this [int arg1, string arg2]
{
  get { ... } set { ... }
}
```

Konstanten

Eine *Konstante* ist ein Feld, dessen Wert sich nicht ändern kann. Eine Konstante wird statisch beim Kompilieren ausgewertet, und ihr Wert wird bei jeder Verwendung vom Compiler direkt eingesetzt – so ähnlich wie ein Makro in C++. Eine Konstante kann einen der eingebauten numerischen Typen, `bool`, `char`, `string` oder einen Enum-Typ nutzen.

Eine Konstante wird mit dem Schlüsselwort `const` deklariert und muss mit einem Wert initialisiert werden:

```
public class Test
{
  public const string Message = "Hallo Welt";
}
```

Eine Konstante ist deutlich restriktiver als ein `static readonly` Feld – sowohl bezüglich der nutzbaren Typen als auch bei der Semantik der Feld-Initialisierung. Eine Konstante unterscheidet sich zudem von einem `static readonly` Feld darin, dass die Auswertung der Konstanten schon beim Kompilieren stattfindet. Zum Beispiel wird:

```
public static double Circumference (double radius)
{
  return 2 * System.Math.PI * radius;
}
```

kompiliert zu:

```
public static double Circumference (double radius)
{
  return 6.2831853071795862 * radius;
}
```

Es ist sinnvoll, dass `PI` eine Konstante ist, da es sich niemals ändern kann. Im Gegensatz dazu kann ein `static readonly` Feld je nach Anwendung einen anderen Wert haben.

Konstanten können auch lokal in einer Methode deklariert werden:

```
static void Main( )
{
  const double twoPI  = 2 * System.Math.PI;
  ...
}
```

Statische Konstruktoren

Ein *statischer Konstruktor* wird einmal pro *Typ* ausgeführt – nicht wie sonst pro *Instanz*. Er wird ausgeführt, bevor irgendeine Instanz des Typs erzeugt wird und bevor auf andere statische Member zugegriffen werden kann. Ein Typ kann nur einen statischen Konstruktor definieren, der parameterlos sein muss und den gleichen Namen wie der Typ hat:

```
class Test
{
  static Test( )
  {
    Console.WriteLine ("Typ initialisiert");
  }
}
```

Die einzigen Modifikatoren, die für statische Konstruktoren erlaubt sind, sind `unsafe` und `extern`.

Sämtliche statischen Feldzuweisungen werden ausgeführt, *bevor* der statische Konstruktor aufgerufen wird, und zwar in der Reihenfolge, in der die Felder deklariert wurden.

Nichtdeterminismus von statischen Konstruktoren

Ein statischer Konstruktor wird immer indirekt von der Laufzeitumgebung aufgerufen – man kann ihn nicht explizit aufrufen. Die Laufzeitumgebung garantiert, dass der statische Konstruktor eines Typs *irgendwann* vor der Verwendung des Typs gestartet wird. Allerdings macht sie keine Aussagen darüber, *wann* das geschieht.

So kann zum Beispiel der statische Konstruktor einer Subklasse durchaus vor dem ihrer Basisklasse aufgerufen werden. Die Laufzeitumgebung kann sich auch dafür entscheiden, statische Konstruktoren aus Sicht des Programmierers *unnötig* früh aufzurufen.

Statische Klassen

Eine Klasse kann als `static` gekennzeichnet werden, wodurch gesagt wird, dass sie vollständig aus statischen Membern besteht und man nicht von ihr ableiten kann. Die Klassen `System.Console` und `System.Math` sind gute Beispiele für statische Klassen.

Finalizer

Finalizer sind Klassenmethoden, die ausgeführt werden, bevor der Garbage Collector den Speicher eines nicht mehr referenzierten Objekts freigibt. Die Syntax für einen Finalizer ist der Name der Klasse, dem das Zeichen ~ vorangestellt ist:

```
class Class1
{
  ~Class1() { ... }
}
```

Das ist die Syntax für C#, um die Methode `Finalize` von `Object` zu überschreiben. Sie wird durch den Compiler in die folgende Methodendeklaration umgewandelt:

```
protected override void Finalize()
{
  ...
  base.Finalize();
}
```

Wir beschreiben die Folgen von Finalizern detailliert in Kapitel 12 von *C# 3.0 in a Nutshell* (O'Reilly).

Partielle Klassen und Methoden

Partielle Klassen ermöglichen es, eine Klassendefinition aufzuteilen – meist auf mehrere Dateien. Häufig wird dies für automatisch generierte Klassen aus anderen Quellen (zum Beispiel einem XSD) genutzt, bei der die Klasse dann mit eigenen Methoden ergänzt werden kann. Ein Beispiel:

```
// PaymentFormGen.cs - automatisch generiert
partial class PaymentForm { ... }

// PaymentForm.cs - per Hand geschrieben
partial class PaymentForm { ... }
```

Jeder Teilnehmer muss die Deklaration `partial` besitzen, daher ist der folgende Code nicht gültig:

```
partial class PaymentForm { }
class PaymentForm { }
```

Die Teilnehmer können keine Member haben, die zu Konflikten führen. So kann zum Beispiel ein Konstruktor mit den gleichen Argumenten nicht wiederholt werden. Partielle Klassen werden komplett vom Compiler aufgelöst, daher muss jeder Teilnehmer beim Kompilieren verfügbar sein und sich in der gleichen Assembly befinden.

Sie können eine Basisklasse für einen oder mehrere partielle Teilnehmer angeben – solange es keine Unterschiede beim Namen der Basisklasse gibt. Basisklassen werden für die Vererbung genutzt (siehe den Abschnitt »Vererbung«).

Partielle Methoden

Eine partielle Klasse kann *partielle Methoden* enthalten. Partielle Methoden ermöglichen es einer automatisch generierten Klasse, Einsprungpunkte (Hooks) für per Hand geschriebene Erweiterungen anzubieten:

```
partial class PaymentForm   // automatisch generiert
{
  ...
  partial void ValidatePayment (decimal amount);
}

partial class PaymentForm   // per Hand geschrieben
{
  ...
```

```
  partial void ValidatePayment (decimal amount)
  {
    if (amount > 100)
      throw new ArgumentException ("Zu teuer");
  }
}
```

Eine partielle Methode besteht aus zwei Teilen: einer Definition und einer Implementierung. Die Definition wird typischerweise von einem Codegenerator geschrieben, während die Implementierung meist per Hand erstellt wird. Wenn keine Implementierung bereitgestellt wird, wird die Definition der partiellen Methode beim Kompilieren entfernt. Damit kann automatisch generierter Code beim Bereitstellen von Hooks großzügig sein, ohne dass man sich um explodierende Codemengen sorgen müsste. Partielle Methoden müssen `void` sein und sind implizit `private`.

Vererbung

Eine Klasse kann von einer Klasse *erben*, um die ursprüngliche Klasse zu erweitern oder anzupassen. Durch das Erben von einer Klasse können Sie die Funktionalität in dieser Klasse nutzen, statt alles von Grund auf wieder selbst aufbauen zu müssen. Eine Klasse kann nur von einer einzigen Klasse erben, kann aber selbst an viele andere Klassen weitervererben, wodurch eine Klassenhierarchie entsteht. In diesem Beispiel wollen wir damit beginnen, eine Klasse namens `Asset` zu erstellen:

```
public class Asset
{
  public string Name;
}
```

Als Nächstes definieren wir Klassen mit den Namen `Stock` und `House`, die von `Asset` erben werden. `Stock` und `House` erhalten alles, was `Asset` hat, und dazu noch alle Member, die sie selbst definieren:

```
public class Stock : Asset   // erbt von Asset
{
  public long SharesOwned;
```

```
}

public class House : Asset   // erbt von Asset
{
  public decimal Mortgage;
}
```

Und so können wir diese Klassen nutzen:

```
Stock msft = new Stock { Name="MSFT",
                         SharesOwned=1000 };

Console.WriteLine (msft.Name);         // MSFT
Console.WriteLine (msft.SharesOwned);  // 1000

House mansion = new House { Name="Mansion",
                            Mortgage=250000 };

Console.WriteLine (mansion.Name);      // Mansion
Console.WriteLine (mansion.Mortgage);  // 250000
```

Die *Subklassen* `Stock` und `House` erben die Eigenschaft `Name` von der *Basisklasse* `Asset`.

HINWEIS

Eine Subklasse wird auch als *abgeleitete Klasse* bezeichnet. Eine Basisklasse nennt man auch *Superklasse*.

Polymorphie

Referenzen sind *polymorph*, was bedeutet, dass eine Referenz auf eine Basisklasse auch auf eine Referenz einer Instanz einer Subklasse verweisen kann. Schauen Sie sich zum Beispiel die folgende Methode an:

```
public static void Display (Asset asset)
{
  System.Console.WriteLine (asset.Name);
}
```

Diese Methode kann sowohl ein `Stock` als auch ein `House` ausgeben, da es sich bei beiden um `Asset`s handelt:

```
Stock msft    = new Stock ... ;
House mansion = new House ... ;

Display (msft);
Display (mansion);
```

Polymorphie basiert darauf, dass die Subklassen (`Stock` und `House`) alle Features ihrer Basisklasse (`Asset`) besitzen. Das Gegenteil ist aber nicht der Fall. Wenn `Display` so geändert würde, dass es ein `House` abzeptiert, könnten Sie kein `Asset` übergeben.

Casting

Eine Objekt-Referenz kann:

- implizit zu einer Basisklassen-Referenz nach oben gecastet werden (*Upcast*),
- explizit zu einer Subklassen-Referenz nach unten gecastet werden (*Downcast*).

Das Casten betrifft nur *Referenzen* – die Objekte selbst werden nicht umgewandelt oder verändert. Ein Upcast ist immer erfolgreich, ein Downcast funktioniert nur, wenn das Objekt den richtigen Typ hat.

Upcast

Eine Upcast-Operation erzeugt aus einer Subklassen-Referenz eine Basisklassen-Referenz:

```
Stock msft = new Stock ...;
Asset a = msft;                       // Upcast
```

Nach dem Upcast verweist Variable a immer noch auf das gleiche `Stock`-Objekt wie die Variable `msft`. Das referenzierte Objekt ist nicht verändert oder umgewandelt worden:

```
Console.WriteLine (a == msft);        // true
```

Auch wenn a und `msft` auf das gleiche Objekt verweisen, hat a eine eingeschränktere Sicht darauf:

```
Console.WriteLine (a.Name);          // okay
Console.WriteLine (a.SharesOwned);   // Fehler
```

Die letzte Zeile führt zu einem Kompilierungsfehler, da die Referenz a vom Typ `Asset` ist, obwohl sie auf ein Objekt vom Typ `Stock` verweist. Um an dessen Feld `SharedOwned` zu gelangen, müssen Sie das `Asset` zu einem `Stock` »downcasten«.

Downcast

Eine Downcast-Operation erzeugt eine Subklassen-Referenz aus einer Basisklassen-Referenz:

```
Stock msft = new Stock( );
Asset a = msft;                      // Upcast
Stock s = (Stock)a;                  // Downcast
Console.WriteLine (s.SharesOwned);   // <Kein Fehler>
Console.WriteLine (s == a);          // true
Console.WriteLine (s == msft);       // true
```

Wie bei einem Upcast sind nur die Referenzen betroffen – nicht das zugrunde liegende Objekt. Ein Downcast benötigt einen expliziten Cast, da er zur Laufzeit potenziell fehlschlagen kann:

```
House h = new House( );
Asset a = h;          // Upcast ist immer erfolgreich
Stock s = (Stock)a;   // Downcast schlägt fehl:
                      // a ist kein Stock
```

Wenn ein Downcast fehlschlägt, wird eine `InvalidCastException` geworfen. Dies ist ein Beispiel für die *dynamische Typprüfung* (wir werden dieses Konzept im Abschnitt »Statische und dynamische Typprüfung« genauer behandeln).

Der Operator as

Der Operator as führt einen Downcast durch, der `null` als Ergebnis hat, wenn der Downcast fehlschlägt (anstatt eine Exception zu werfen):

```
Asset a = new Asset( );
Stock s = a as Stock;       // s ist null
```

Der Operator is

Der Operator is prüft, ob ein Downcast erfolgreich wäre – mit anderen Worten, ob ein Objekt von einer bestimmten Klasse abgeleitet ist (oder ein Interface implementiert). Er wird häufig genutzt, um vor einem Downcast eine Prüfung vorzunehmen:

```
if (a is Stock)
  Console.WriteLine (((Stock)a).SharesOwned);
```

Virtuelle Funktions-Member

Eine Funktion, die als `virtual` gekennzeichnet ist, kann von Subklassen *überschrieben* werden, die eine speziellere Implementierung bereitstellen wollen. Es können Methoden, Eigenschaften, Indexer und Events als `virtual` deklariert werden:

```
public class Asset
{
  public string Name;

  public virtual decimal Liability
    { get { return 0; } }
}
```

Eine Subklasse überschreibt eine virtuelle Methode, indem sie den Modifikator `override` angibt:

```
public class Stock : Asset { public long SharesOwned; }

public class House : Asset
{
  public decimal Mortgage;

  public override decimal Liability
   { get { return Mortgage; } }
}
```

Standardmäßig liefert die `Liability` eines `Asset` den Wert `0`. Ein `Stock` muss hier nicht spezieller tätig werden. Aber das `House` spezialisiert die Eigenschaft `Liability` so, dass der Wert der `Mortgage` zurückgegeben wird:

```
House mansion = new House { Name="Mansion",
                            Mortgage=250000 };
Asset a = mansion;
decimal d2 = mansion.Liability;       // 250000
```

Die Signaturen, Rückgabewerte und die Sichtbarkeit der virtuellen und überschriebenen Methoden müssen identisch sein. Eine überschriebene Methode kann ihre Implementierung in der Basisklasse mithilfe des Schlüsselworts base ansprechen (wir werden das gleich im Abschnitt »Das Schlüsselwort base« behandeln).

Abstrakte Klassen und abstrakte Member

Eine Klasse, die als *abstrakt* deklariert wurde, kann man niemals instantiieren. Stattdessen können nur ihre konkreten *Subklassen* instantiiert werden.

Abstrakte Klassen können *abstrakte Member* deklarieren, die sich wie virtuelle Member verhalten, aber keine Standardimplementierung bereitstellen. Diese Implementierung muss in der Subklasse vorgenommen werden, sofern die Subklasse nicht auch als abstrakt deklariert wurde:

```
public abstract class Asset
{
  // leere Implementierung
  public abstract decimal NetValue { get; }
}

public class Stock : Asset
{
  public long SharesOwned;
  public decimal CurrentPrice;

  // wie eine virtuelle Methode überschreiben
  public override decimal NetValue
  {
    get { return CurrentPrice * SharesOwned; }
  }
}
```

Verbergen geerbter Member

Eine Basisklasse und eine Subklasse können identische Member definieren:

```
public class A     { public int Counter = 1; }
public class B : A { public int Counter = 2; }
```

Das Feld Counter in Klasse B *verbirgt* das Feld Counter aus Klasse A. Normalerweise geschieht dies unabsichtlich, wenn der Basisklasse ein Member hinzugefügt wird, *nachdem* der Subtyp einen gleichen Member erhalten hat. Aus diesem Grund erzeugt der Compiler eine Warnung und löst die Mehrdeutigkeit wie folgt auf:

- Referenzen auf `A` (beim Kompilieren) werden mit `A.Counter` verbunden.
- Referenzen auf `B` (beim Kompilieren) werden mit `B.Counter` verbunden.

Gelegentlich wollen Sie einen Member mit Absicht verbergen. In solchen Fällen können Sie dem Member in der Subklasse den Modifikator `new` mitgeben. Dieser Modifikator sorgt lediglich dafür, dass die Compiler-Warnung unterdrückt wird, die es sonst hier gäbe:

```
public class A     { public     int Counter = 1; }
public class B : A { public new int Counter = 2; }
```

Der Modifkator `new` übermittelt dem Compiler (und anderen Programmierern), dass der doppelte Member kein Versehen von Ihnen ist.

HINWEIS

C# überlädt das Schlüsselwort `new` mit verschiedenen Bedeutungen in unterschiedlichen Kontexten. Insbesondere ist der *Operator* `new` vom *Member-Modifikator* `new` zu unterscheiden.

Funktionen und Klassen versiegeln

Ein überschriebener Funktions-Member kann seine Implementierung mithilfe des Schlüsselworts `sealed` *versiegeln*, um zu verhindern, dass er durch weitere Subklassen überschrieben wird. In unserem Beispiel für virtuelle Funktions-Member könnten wir die Implementierung von `Liability` in `House` versiegeln und damit verhindern, dass eine Klasse, die von `House` abgeleitet wird, `Liability` überschreibt:

```
public sealed override decimal Liability
  { get { return Mortgage; } }
```

Sie können auch die Klasse selbst versiegeln, wodurch Sie implizit alle virtuellen Funktionen versiegeln, indem Sie den Modifikator sealed für die Klasse nutzen. Das Versiegeln einer Klasse kommt häufiger vor als das Versiegeln eines Funktions-Members.

Das Schlüsselwort base

Das Schlüsselwort base entspricht dem Schlüsselwort this. Dabei dient es zwei Zwecken:

- Zugriff auf einen überschriebenen Funktions-Member aus der Subklasse.
- Aufruf eines Basisklassen-Konstruktors (siehe nächster Abschnitt).

In diesem Beispiel nutzt House das Schlüsselwort base, um auf die Asset-Implementierung von Liability zuzugreifen:

```
public class House : Asset
{
  ...
  public override decimal Liability
  {
    get { return base.Liability + Mortgage; }
  }
}
```

Der gleiche Ansatz funktioniert, wenn Liability *verborgen* ist und nicht *überschrieben*. (Sie können auch auf verborgene Member zugreifen, indem Sie auf die Basisklasse casten, bevor Sie die Funktion aufrufen.)

Konstruktoren und Vererbung

Eine Subklasse muss seine eigenen Konstruktoren definieren. Wenn wir zum Beispiel Subclass so definieren würden:

```
public class Baseclass
{
  public int X;
  public Baseclass ( )
  public Baseclass (int x) { this.X = x; }
```

```
}

public class Subclass : Baseclass { }
```

wäre das Folgende ungültig:

```
Subclass s = new Subclass (123);
```

`Subclass` muss daher alle Konstruktoren neu deklarieren, die sie bereitstellen will. Dabei kann sie allerdings beliebige Basisklassen-Konstruktoren mit dem Schlüsselwort `base` aufrufen:

```
public class Subclass : Baseclass
{
  public Subclass (int x) : base (x) { }
}
```

Das Schlüsselwort `base` funktioniert wie das Schlüsselwort `this`, nur dass es einen Konstruktor in der Basisklasse aufruft.

Basisklassen-Konstruktoren werden immer zuerst ausgeführt – damit ist sichergestellt, dass die *Basis*-Initialisierung vor der *spezialisierten* Initialisierung ausgeführt wird.

Impliziter Aufruf des parameterlosen Basisklassen-Konstruktors

Wenn ein Konstruktor in einer Subklasse das Schlüsselwort `base` nicht verwendet, wird der *parameterlose* Konstruktor der Basisklasse implizit aufgerufen. Besitzt die Basisklasse keinen parameterlosen Konstruktor, müssen die Subklassen das Schlüsselwort `base` in ihren Konstruktoren verwenden.

Reihenfolge von Konstruktor und Feld-Initialisierung

Wenn ein Objekt instantiiert wird, geschieht die Initialisierung in dieser Reihenfolge:

Von der Subklasse zur Basisklasse:

- Felder werden initialisiert.
- Konstruktorargumente werden ausgewertet.

Von der Basisklasse zur Subklasse:

- Konstruktorcode wird ausgeführt.

Auflösen beim Überladen

Durch die Vererbung gibt es einen interessanten Einfluss auf das Überladen von Methoden. Schauen Sie sich die folgende überladene Methode an:

```
static void Foo (Asset a) { }
static void Foo (House h) { }
```

Wenn eine überladene Methode aufgerufen wird, hat der spezifischste Typ den Vorrang:

```
House h = new House (...);
Foo (h);                      // Ruft Foo (House) auf
```

Die aufzurufende Version der überladenen Methode wird statisch bestimmt (beim Kompilieren) und nicht dynamisch (zur Laufzeit). Der folgende Code ruft `Foo(Asset)` auf, auch wenn der Typ zur Laufzeit ein `House` ist:

```
Asset a = new House (...);
Foo (a);                      // Ruft Foo (Asset) auf
```

Sind optionale Argumente beteiligt, geht diese Prüfung der Umwandlung der Prüfung der optionalen Argumente voran (C# 4.0).

Der Typ object

`object` (`System.Object`) ist die Ausgangsbasisklasse für alle Typen. Jeder Typ kann per Upcast in ein `object` umgewandelt werden.

Um zu zeigen, wie das nützlich sein kann, stellen Sie sich einen allgemeinen Stack vor. Ein Stack ist eine Datenstruktur, die auf dem LIFO-Prinzip – »Last in, First out« – basiert. Ein Stack hat zwei Operationen: per *Push* ein Objekt auf den Stack schieben und eines per *Pop* wieder herunterholen. So sieht eine einfache Implementierung aus, die bis zu zehn Objekte verwalten kann:

```
public class Stack
{
  int position;
  object[] data = new object[10];
```

```
    public void Push (object obj)
      { data[position++] = obj;  }

    public object Pop( )
     { return data[--position]; }
  }
```

Da Stack mit dem Typ object arbeitet, können wir Instanzen von *jedem beliebigen Typ* per Push und Pop auf den Stack und wieder von ihm herunterbringen:

```
Stack stack = new Stack( );
stack.Push ("Würstchen");

// Expliziter Cast notwendig, weil wir downcasten:
string s = (string) stack.Pop( );

Console.WriteLine (s);              // Würstchen
```

object ist ein Referenz-Typ, weil es sich um eine Klasse handelt. Abgesehen davon können auch Werte-Typen, wie zum Beispiel ein int, in ein object und wieder zurück gecastet werden und so auf unseren Stack wandern. Dieses Feature von C# wird als *Typ-Vereinheitlichung* bezeichnet:

```
stack.Push (3);
int three = (int) stack.Pop( );
```

Wenn Sie zwischen einem Werte-Typ und object casten, muss die CLR etwas mehr tun, um die Unterschiede in der Semantik zwischen Werte- und Referenz-Typen zu überwinden. Dieser Prozess wird als *Boxing* und *Unboxing* bezeichnet.

Boxing und Unboxing

Boxing ist das Casten einer Instanz eines Werte-Typs in eine Instanz eines Referenz-Typs. Der Referenz-Typ kann entweder von der Klasse object oder ein Interface sein (was wir später behandeln). In diesem Beispiel *boxen* wir ein int in ein object:

```
int x = 9;
object obj = x;           // Boxing des int
```

Beim Unboxing wird die Operation umgekehrt, indem das Objekt zurück in den ursprünglichen Werte-Typ gewandelt wird:

```
int y = (int)obj;          // Unboxing des int
```

Unboxing erfordert einen expliziten Cast. Die Laufzeitumgebung prüft, ob der angegebene Werte-Typ (exakt) dem tatsächlichen Objekt-Typ entspricht, und wirft bei Nicht-Übereinstimmung eine `InvalidCastException`. So wird zum Beispiel hier eine Exception geworfen, weil `long` nicht genau zu `int` passt:

```
object obj = 9;       // 9 wird als int erkannt
long x = (long) obj; // InvalidCastException
```

Der folgende Code wird aber erfolgreich sein:

```
object obj = 9;
long x = (int) obj;
```

wie auch dieser:

```
object obj = 3.5;             // Ermittelter Typ ist double
int x = (int) (double) obj; // x ist jetzt 3
```

Im letzten Beispiel führt `(int)` eine *Konvertierung* durch, während `(double)` für das *Unboxing* sorgt.

Kopiersemantik beim Boxing und Unboxing

Beim Boxing wird die Instanz des Werte-Typs in das neue Objekt kopiert, während beim Unboxing der Inhalt des Objekts zurück in eine Instanz eines Werte-Typs kopiert wird.

Statische und dynamische Typprüfung

C# prüft Typen sowohl *statisch* als auch *dynamisch*.

Die statische Typprüfung wird beim *Kompilieren* durchgeführt. Sie ermöglicht es dem Compiler, die Korrektheit Ihres Programms zu prüfen, ohne es auszuführen. Der folgende Code wird fehlschlagen, da der Compiler die statische Typprüfung durchführt:

```
int x = "5";
```

Die dynamische Typprüfung wird zur *Laufzeit* vorgenommen. Immer dann, wenn ein Unboxing oder ein Downcast durchgeführt werden soll, prüft die Laufzeitumgebung den Typ dynamisch:

```
object y = "5";
int z = (int)y;      // Laufzeitfehler, Downcast geht nicht
```

Die dynamische Typprüfung ist möglich, weil jedes Objekt auf dem Heap intern ein kleines Typ-Token mit abspeichert. Dieses Token kann durch den Aufruf der Methode `GetType` von `object` genutzt werden.

Member von object

Dies sind alle Member von `object`:

```
public class Object
{
  public Object( );
  public extern Type GetType( );
  public virtual bool Equals (object obj);
  public static bool Equals (object objA, object objB);
  public static bool ReferenceEquals (object objA,
                                      object objB);
  public virtual int GetHashCode( );
  public virtual string ToString( );
  protected override void Finalize( );
  protected extern object MemberwiseClone( );
}
```

GetType( ) und typeof

Alle Typen in C# werden zur Laufzeit durch eine Instanz von `System.Type` repräsentiert. Es gibt zwei Wege, ein Objekt vom Typ `System.Type` zu erhalten:

- Der Aufruf von `GetType` für die Instanz.
- Die Verwendung des Operators `typeof` für einen Typnamen.

`GetType` wird dynamisch zur Laufzeit ausgewertet, während `typeof` statisch beim Kompilieren ermittelt wird.

`System.Type` hat Eigenschaften für den Namen des Typs, die Assembly, den Basistyp und so weiter:

```
int x = 3;

Console.Write (x.GetType( ).Name);              // Int32
Console.Write (typeof(int).Name);               // Int32
```

```
Console.Write (x.GetType().FullName);   // System.Int32
Console.Write (x.GetType() == typeof(int));    // true
```

`System.Type` stellt auch Methoden zur Verfügung, die als Brücke zum Reflection-Modell der Laufzeitumgebung dienen. Mehr Informationen dazu erhalten Sie in Kapitel 17 von *C# 3.0 in a Nutshell*.

Equals, ReferenceEquals und GetHashCode

Die Methode `Equals` entspricht dem Operator `==`, nur dass `Equals` virtuell, `==` aber statisch ist. Das folgende Beispiel zeigt den Unterschied:

```
object x = 3;
object y = 3;
Console.WriteLine (x == y);          // false
Console.WriteLine (x.Equals (y));  // true
```

Da `x` und `y` in den Typ `object` gecastet wurden, bindet der Compiler statisch gegen den Operator `==` von `object`, der die *Referenz-Typ*-Semantik nutzt, um zwei Instanzen zu vergleichen. (Da `x` und `y` geboxed sind, handelt es sich um zwei verschiedene Speicherplätze, die damit nicht gleich sind.) Die virtuelle Methode `Equals` greift auf `Equals` des Typs `Int32` zurück, das eine *Werte-Typ*-Semantik beim Vergleich zweier Werte nutzt.

Die statische Methode `object.Equals` ruft einfach die virtuelle Methode `Equals` auf – nachdem sie geprüft hat, dass die Argumente nicht null sind.

```
object x = null;
object y = 3;
bool error = x.Equals (y);    // NullReferenceException
bool ok = object.Equals (x, y);
```

`ReferenceEquals` erzwingt einen Test auf Referenz-Typ-Gleichheit (das ist gelegentlich bei Referenz-Typen nützlich, wenn der Operator `==` überladen wurde, um etwas anderes zu tun).

`GetHashCode` gibt einen Hashcode zurück, wenn der Typ in einem auf Hashtabellen basierenden Dictionary verwendet wird, insbesondere `System.Collections.Generic.Dictionary` und `System.Collections.Hashtable`.

Um die Gleichheitssemantik eines Typs anzupassen, müssen Sie mindestens `Equals` und `GetHashCode` überschreiben. Sie werden meist aber auch die Operatoren `==` und `!=` überladen. Ein Beispiel dazu finden Sie im Abschnitt »Überladen von Operatoren«.

Die Methode ToString

Die Methode `ToString` liefert die Standardtextdarstellung einer Typ-Instanz zurück. Die Methode wird von allen eingebauten Typen überschrieben. Hier ein Beispiel für die Verwendung der Methode `ToString` des Typs `int`:

```
int x = 1;
string s = x.ToString( );     // s ist "1"
```

Sie können die Methode `ToString` für selbst definierte Typen wie folgt überschreiben:

```
public class Panda
{
  public string Name;
  public override string ToString( ) { return Name; }
}
...

Panda p = new Panda { Name = "Petey" };
Console.WriteLine (p);   // Petey
```

HINWEIS

Wenn Sie einen überschriebenen Member von `object` wie `ToString` direkt für einen Werte-Typ aufrufen, wird kein Boxing vorgenommen – das geschieht nur beim Casten.

Structs

Ein *Struct* ist einer Klasse ähnlich, es gibt aber auch entscheidende Unterschiede:

- Ein Struct ist ein Werte-Typ, während eine Klasse ein Referenz-Typ ist.

- Ein Struct unterstützt keine Vererbung (außer er ist implizit von `object` abgeleitet).

Ein Struct kann alle Member nutzen, die eine Klasse haben kann, außer:

- einen parameterlosen Konstruktor,
- einen Finalizer,
- virtuelle Member.

Ein Struct wird statt einer Klasse verwendet, wenn die Werte-Typ-Semantik gewünscht wird. Gute Beispiele für Structs sind numerische Typen, bei denen es natürlicher ist, in einer Zuweisung einen Wert zu kopieren statt einer Referenz. Da ein Struct ein Werte-Typ ist, muss nicht jede Instanz ein Objekt auf dem Heap erstellen. Das kann wichtig sein, wenn man viele Instanzen eines Typs erzeugt – zum Beispiel für ein Array.

Semantik beim Erzeugen eines Struct

Beim Erzeugen eines Struct wird wie folgt vorgegangen:

- Es existiert implizit ein parameterloser Konstruktor, den Sie nicht überschreiben können. Dieser führt ein bitweises Nullen der Felder durch.
- Wenn Sie einen Konstruktor für ein Struct definieren, müssen Sie explizit jedes Feld zuweisen.
- Sie können keine Feld-Initialisierer in einem Struct haben.

Hier ein Beispiel für das Deklarieren und Aufrufen von Struct-Konstruktoren:

```
public struct Point
{
  int x, y;
  public Point (int x, int y) {this.x = x; this.y = y;}
}

...
Point p1 = new Point ();      // p1.x und p1.y sind 0
Point p2 = new Point (1, 1); // p1.x und p1.y sind 1
```

Das nächste Beispiel sorgt für drei Kompilierungsfehler:

```
public struct Point
{
  int x = 1;          // Fehler, kann keine
                      // Felder initialisieren
  int y;
  public Point( ) {} // Fehler, kein parameterloser
                      // Konstruktor erlaubt

  public Point(int x) {this.x = x;}  // Fehler, muss
                                     // Feld y zuweisen
}
```

Ändert man `struct` in `class`, lässt sich dieses Beispiel kompilieren.

Zugriffsmodifikatoren

Um die Kapselung zu unterstützen, kann ein Typ oder Typ-Member seine *Sichtbarkeit* gegenüber anderen Typen und anderen Assemblies einschränken, indem er einen von fünf *Zugriffsmodifikatoren* seiner Deklaration hinzufügt:

`public`
: Vollständig sichtbar. Der implizite Wert für Member eines Enum oder eines Interface.

`internal`
: Sichtbar nur innerhalb der Assembly, in der man sich befindet, oder in befreundeten Assemblies. Standardwert für nicht verschachtelte Typen.

`private`
: Sichtbar nur für enthaltene Typen. Standardwert für Member einer Klasse oder eines Struct.

`protected`
: Sichtbar nur für enthaltene Typen oder Subklassen.

`protected internal`
: Die *Vereinigung* von `protected` und `internal`. (Das ist *weniger* restriktiv als `protected` oder `internal` allein.)

HINWEIS

Die CLR bietet auch das Konzept der *Schnittmenge* aus protected und internal, aber C# unterstützt dies nicht.

Beispiele

Class2 ist auch außerhalb seiner Assembly erreichbar, Class1 nicht:

```
class Class1        { } // Class1 ist internal (Standard)
public class Class2 { }
```

ClassB stellt das Feld x anderen Typen in der Assembly bereit, ClassA nicht:

```
class ClassA { int x;          }  // x ist privat
                                  // (Standard)
class ClassB { internal int x; }
```

Funktionen innerhalb von Subclass können Bar aufrufen, aber nicht Foo:

```
class BaseClass
{
  void Foo( )           { }   // Foo ist privat (Standard)
  protected void Bar( ) { }
}

class Subclass : BaseClass
{
   void Test1( ) { Foo( ); }   // Fehler: Foo kann nicht
                               // angesprochen werden
   void Test2( ) { Bar( ); }   // okay
}
```

Beschneiden der Sichtbarkeit

Ein Typ beschneidet die Sichtbarkeit seiner deklarierten Member. Der häufigste Fall ist ein internal Typ mit public Membern:

```
class C { public void Foo( ) {} }
```

Die (Standard-)Sichtbarkeit internal von C beschneidet die Sichtbarkeit von Foo, wodurch Foo im Endeffekt internal wird. Der

Grund dafür, dass man `Foo` als `public` kennzeichnet, liegt im einfacheren Refactoring, sollte `C` später in `public` geändert werden.

Einschränkungen bei Zugriffsmodifikatoren

Wenn man eine Basisklassen-Funktion überschreibt, muss die Sichtbarkeit identisch mit der überschriebenen Funktion sein.

Der Compiler verhindert auch eine inkonsistente Verwendung von Zugriffsmodifikatoren. So kann zum Beispiel eine Subklasse selbst weniger sichtbar sein als eine Basisklasse, aber nicht umgekehrt:

```
internal class A   { }
public class B : A { }       // Fehler
```

Interfaces

Ein Interface ähnelt einer Klasse, stellt aber für ihre Member nur eine Spezifikation und keine Implementierung bereit. Ein Interface hat folgende Besonderheiten:

- Eine Klasse kann *mehrere* Interfaces implementieren. Im Gegensatz dazu kann sie nur von einer *einzelnen* Klasse erben.
- Interface-Member sind *alle implizit abstrakt*. Im Gegensatz dazu kann eine Klasse sowohl abstrakte als auch konkrete Member mit Implementierungen bereitstellen.
- Structs können Interfaces implementieren. Dagegen kann ein Struct nicht von einer Klasse erben.

Eine Deklaration eines Interface ist wie eine Klassendeklaration, stellt aber für seine Member keine Implementierungen bereit, da alle seine Member implizit abstrakt sind. Diese Member werden von den Klassen und Structs implementiert, die das Interface implementieren. Ein Interface kann nur Methoden, Eigenschaften, Events und Indexer enthalten, was durchaus nicht ohne Absicht genau die Member einer Klasse sind, die abstrakt sein können.

Hier eine etwas vereinfachte Version des Interface `IEnumerator`, das in `System.Collections` definiert ist:

```
public interface IEnumerator
{
  bool MoveNext( );
  object Current {get;}
}
```

Interface-Member haben die gleiche Sichtbarkeit wie der Interface-Typ und können keine Zugriffsmodifikatoren deklarieren.

Implementiert man ein Interface, muss man eine `public` Implementierung für alle seine Member bereitstellen:

```
internal class Countdown : IEnumerator
{
  int count = 11;
  public bool MoveNext( )  { return count-- > 0 ;  }
  public object Current   { get { return count; } }
}
```

Sie können ein Objekt implizit in jedes Interface casten, das es implementiert:

```
IEnumerator e = new Countdown( );
while (e.MoveNext( ))
  Console.Write (e.Current);      // 109876543210
```

HINWEIS

Obwohl `Countdown` eine interne Klasse ist, können die Member, die `IEnumerator` implementieren, öffentlich aufgerufen werden, indem man eine Instanz von `Countdown` nach `IEnumerator` castet. Wenn `IEnumerator` selbst `internal` wäre und nicht `public`, wäre dies nicht möglich.

Erweitern eines Interface

Interfaces können von anderen Interfaces abgeleitet werden:

```
public interface IUndoable             { void Undo( ); }
public interface IRedoable : IUndoable { void Redo( ); }
```

`IRedoable` erbt alle Member von `IUndoable`.

Explizite Implementierung eines Interface

Das Implementieren mehrerer Interfaces kann manchmal zu einem Konflikt zwischen den Member-Signaturen führen. Sie können solche Konflikte durch die *explizite Implementierung* eines Interface-Members auflösen:

```
interface I1 { void Foo( ); }
interface I2 { int Foo( ); }

public class Widget : I1, I2
{
  public void Foo( )
  {
    Console.WriteLine
     ("Widget-Implementierung von I1.Foo");
  }

  int I2.Foo( )
  {
    Console.WriteLine
     ("Widget-Implementierung von I2.Foo");
    return 42;
  }
}
```

Da sowohl I1 als auch I2 sich einander ausschließende Foo-Signaturen besitzen, implementiert Widget explizit die Methode Foo von I2. Damit können die beiden Methoden in einer Klasse gemeinsam existieren. Die einzige Möglichkeit, ein explizit implementiertes Member aufzurufen, ist ein Cast in sein Interface:

```
Widget w = new Widget( );
w.Foo( );           // Widget-Implementierung von I1.Foo
((I1)w).Foo( );     // Widget-Implementierung von I1.Foo
((I2)w).Foo( );     // Widget-Implementierung von I2.Foo
```

Ein anderer Grund für explizit implementierte Interface-Member ist das Verbergen von Membern, die sehr spezialisiert sind und den normalen Anwender eher ablenken. So würde zum Beispiel ein Typ, der ISerializable implementiert, normalerweise vermeiden wollen, seine ISerializable-Member zu präsentieren, sofern nicht explizit in dieses Interface gecastet wurde.

Virtuelles Implementieren von Interface-Membern

Ein implizit implementierter Interface-Member ist standardmäßig versiegelt. Er muss in der Basisklasse als `virtual` oder `abstract` gekennzeichnet werden, damit man ihn überschreiben kann:

```
public interface IUndoable { void Undo( ); }

public class TextBox : IUndoable
{
  public virtual void Undo( )
  {
     Console.WriteLine ("TextBox.Undo");
  }
}

public class RichTextBox : TextBox
{
  public override void Undo( )
  {
    Console.WriteLine ("RichTextBox.Undo");
  }
}
```

Ein Aufruf des Interface-Member sowohl über die Basisklasse als auch über das Interface ruft die Subklassen-Implementierung auf:

```
RichTextBox r = new RichTextBox( );
r.Undo( );                           // RichTextBox.Undo
((IUndoable)r).Undo( );              // RichTextBox.Undo
((TextBox)r).Undo( );                // RichTextBox.Undo
```

Ein explizit implementierter Interface-Member kann nicht als `virtual` gekennzeichnet und auch nicht auf die übliche Art und Weise überschrieben werden. Er kann aber *reimplementiert* werden.

Reimplementieren eines Interface in einer Subklasse

Eine Subklasse kann jeden Interface-Member reimplementieren, der schon von einer Basisklasse implementiert wurde. Durch das Reimplementieren wird eine Member-Implementierung gekapert (wenn sie über das Interface aufgerufen wurde), was unabhängig davon funktioniert, ob der Member in der Basisklasse `virtual` ist oder nicht. Es ist auch nicht wichtig, ob ein Member implizit oder explizit implementiert wurde – auch wenn es im zweiten Fall am besten funktioniert, wie wir zeigen werden.

Im folgenden Beispiel implementiert `TextBox` den Member `IUndo.Undo` explizit, daher kann er nicht als `virtual` gekennzeichnet werden. Um ihn zu »überschreiben«, muss `RichTextBox` die Methode `Undo` von `IUndo` reimplementieren:

```
public interface IUndoable { void Undo( ); }

public class TextBox : IUndoable
{
  void IUndoable.Undo( )
   { Console.WriteLine ("TextBox.Undo"); }
}

public class RichTextBox : TextBox, IUndoable
{
  public new void Undo( )
   { Console.WriteLine ("RichTextBox.Undo"); }
}
```

Ein Aufruf des reimplementierten Member über das Interface sorgt für einen Aufruf der Implementierung in der Subklasse:

```
RichTextBox r = new RichTextBox( );
r.Undo( );                    // RichTextBox.Undo    Fall 1
((IUndoable)r).Undo( );       // RichTextBox.Undo    Fall 2
```

Stellen Sie sich nun bei der gleichen Definition von `RichTextBox` vor, dass `TextBox` die Methode `Undo` *implizit* implementieren würde:

```
public class TextBox : IUndoable
{
  public void Undo( )
   { Console.WriteLine ("TextBox.Undo"); }
}
```

Damit hätten wir einen weiteren Weg, um `Undo` aufzurufen, was das System zerstören würde, wie wir in Fall 3 sehen:

```
RichTextBox r = new RichTextBox( );
r.Undo( );                    // RichTextBox.Undo    Fall 1
```

```
((IUndoable)r).Undo( );      // RichTextBox.Undo      Fall 2
((TextBox)r).Undo( );        // TextBox.Undo          Fall 3
```

Fall 3 zeigt, dass das Kapern durch die Reimplementierung nur dann richtig klappt, wenn ein Member über das Interface aufgerufen wird und nicht über die Basisklasse. Das ist normalerweise nicht erwünscht, da es zu einer inkonsistenten Semantik führt. Somit ist eine Reimplementierung beim Überschreiben von *explizit* implementierten Interface-Membern am sinnvollsten.

Enums

Ein *Enum* ist ein spezieller Werte-Typ, der es Ihnen ermöglicht, eine Gruppe von benannten numerischen Konstanten zu definieren:

```
public enum BorderSide { Left, Right, Top, Bottom }
```

Wir können diesen Enum-Typ wie folgt verwenden:

```
BorderSide topSide = BorderSide.Top;
bool isTop = (topSide == BorderSide.Top);    // true
```

Jeder Enum-Member hat einen zugrunde liegenden ganzzahligen Wert. Standardmäßig gilt:

- Die zugrunde liegenden Werte haben den Typ `int`.
- Die Konstanten `0`, `1`, `2` ... werden den Enum-Membern automatisch in der Reihenfolge ihrer Deklaration zugewiesen.

Sie können einen alternativen ganzzahligen Typ angeben:

```
public enum BorderSide : byte
  { Left, Right, Top, Bottom }
```

Sie können auch für jeden Enum-Member einen expliziten zugrunde liegenden Wert festlegen:

```
public enum BorderSide : byte
  { Left=1, Right=2, Top=10, Bottom=11 }
```

HINWEIS

Der Compiler ermöglicht es Ihnen ebenfalls, nur ein paar der Enum-Member explizit mit einer Zahl zu versehen. Die so nicht ausgezeichneten Member werden weiterhin ausgehend vom letzten expliziten Wert durchnummeriert. Das vorige Beispiel ist also äquivalent zu:

```
public enum BorderSide : byte
{ Left=1, Right, Top=10, Bottom }
```

Enum-Konvertierungen

Sie können eine enum-Instanz mit einem expliziten Cast in seinen zugrunde liegenden ganzzahligen Wert und wieder zurück umwandeln:

```
int i = (int) BorderSide.Left;
BorderSide side = (BorderSide) i;
bool horizontal = (int) side <= 2;
```

Sie können auch explizit einen Enum-Typ in einen anderen casten. Stellen Sie sich vor, `HorizontalAlignment` wäre wie folgt definiert:

```
public enum HorizontalAlignment
{
  Left = BorderSide.Left,
  Right = BorderSide.Right,
  Center
}
```

Eine Umwandlung zwischen den Enum-Typen nutzt die zugrunde liegenden ganzzahligen Werte:

```
HorizontalAlignment h = (HorizontalAlignment)
  BorderSide.Right;

// das Gleiche wie:

HorizontalAlignment h = (HorizontalAlignment) (int)
  BorderSide.Right;
```

Das numerische Literal `0` wird vom Compiler in einem enum-Ausdruck besonders behandelt und bedarf keines expliziten Casts:

```
BorderSide b = 0;     // kein Cast erforderlich
if (b == 0) ...
```

Es gibt zwei Gründe für die spezielle Behandlung von `0`:

- Der erste Member eines Enums wird häufig als »Standardwert« verwendet.
- Bei *kombinierten Enum*-Typen bedeutet `0` »keine Flags«.

Flag-Enums

Sie können Enum-Member kombinieren. Um Mehrdeutigkeiten zu vermeiden, müssen den Membern eines kombinierbaren enum explizit Werte zugewiesen werden, üblicherweise Potenzen von zwei:

```
[Flags]
public enum BorderSides
  { Left=1, Right=2, Top=4, Bottom=8 }
```

Um mit kombinierten Enum-Werten zu arbeiten, verwenden Sie bitweise Operatoren, wie zum Beispiel | und &. Diese Operatoren arbeiten mit den zugrunde liegenden ganzzahligen Werten:

```
BorderSides leftRight =
  BorderSides.Left | BorderSides.Right;

if ((leftRight & BorderSides.Left) != 0)
  System.Console.WriteLine ("Enthält links");

// Ausgabe: "Enthält links"

string formatted = leftRight.ToString( );
// formatted ist "Left, Right"

BorderSides s = BorderSides.Left;
s |= BorderSides.Right;
Console.WriteLine (s == leftRight);    // true

s ^= BorderSides.Right;      // Schaltet BorderSides.Right um
Console.WriteLine (s);       // Left
```

Üblicherweise sollte das Attribut Flags jedem Enum-Typ zugewiesen werden, dessen Member kombinierbar sind. Wenn Sie solch ein enum ohne das Attribut Flags deklarieren, aber ToString für eine enum-Instanz aufrufen, wird eine Zahl und keine Aufzählung von Namen ausgegeben.

Es ist ebenfalls üblich, einem kombinierbaren Enum-Typ einen Namen im Plural zu geben.

Praktisch ist es, in einer Enum-Deklaration auch Kombinations-Member aufzunehmen:

```
[Flags] public enum BorderSides
{
```

```
    Left=1, Right=2, Top=4, Bottom=8,
    LeftRight = Left | Right,
    TopBottom = Top  | Bottom,
    All       = LeftRight | TopBottom
}
```

Enum-Operatoren

Folgende Operatoren arbeiten mit Enums:

```
=    ==    !=    <    >    <=    >=    +    -    ^  &  |   ~
+=    -=    ++   --    sizeof
```

Die bitweisen, arithmetischen und Vergleichsoperatoren liefern das Ergebnis einer Verarbeitung der zugrunde liegenden ganzzahligen Werte zurück. Addition und Subtraktion sind zwischen einem `enum` und einem Integer-Typ erlaubt, aber nicht zwischen zwei `enums`.

Eingebettete Typen

Ein *eingebetteter Typ* wird im Geltungsbereich eines anderen Typs deklariert:

```
public class TopLevel
{
  public class Nested { }               // eingebettete
                                        // Klasse
  public enum Color { Red, Blue, Tan }  // eingebettetes
                                        // Enum
}
```

Ein eingebetteter Typ hat folgende Merkmale:

- Er kann auf die privaten Member des umhüllenden Typs und alles andere zugreifen, auf das der umhüllende Typ Zugriff hat.
- Er kann aus allen möglichen Zugriffsmodifikatoren auswählen und muss sich nicht auf `public` und `internal` beschränken.
- Die Standardsichtbarkeit für einen eingebetteten Typ ist `private` und nicht `internal`.
- Der Zugriff auf einen eingebetteten Typ von außerhalb des umhüllenden Typs erfordert eine Qualifikation durch den Namen des umhüllenden Typs (wie beim Zugriff auf statische Member).

Um zum Beispiel von außerhalb unserer Klasse `TopLevel` auf `Color.Red` zugreifen zu können, müssten wir Folgendes schreiben:

```
TopLevel.Color color = TopLevel.Color.Red;
```

Alle Typen können eingebettet werden, allerdings kann nur *in* Klassen und Structs *eingebettet werden*. Eingebettete Typen werden sehr intensiv vom Compiler selbst verwendet, wenn er private Klassen generiert, die den Zustand bei Konstrukten wie Iteratoren und anonymen Methoden verwalten.

HINWEIS

Wenn Sie nur zum Vermeiden eines überfüllten Namensraums einen eingebetteten Typ verwenden wollen, sollten Sie überlegen, stattdessen einen verschachtelten Namensraum zu nutzen. Ein eingebetteter Typ sollte genutzt werden, weil er bessere Zugriffseinschränkungen bietet oder wenn die eingebettete Klasse auf private Member der umhüllenden Klasse zugreifen muss.

Generics

C# hat zwei separate Mechanismen, um Code zu schreiben, der mit verschiedenen Typen verwendbar ist: Vererbung und *Generics*. Während bei der Vererbung die Wiederverwendbarkeit durch einen Basistyp ausgedrückt wird, geschieht dies bei Generics durch ein »Template«, das Typen als »Platzhalter« enthält. Generics können im Vergleich zur Vererbung die Typsicherheit erhöhen und für weniger Casting und Boxing sorgen.

Generische Typen

Ein *generischer Typ* deklariert *generische Parameter* – Platzhalter-Typen, die vom Anwender des generischen Typs gefüllt werden, indem er die *generischen Argumente* bereitstellt. Hier wurde ein generischer Typ `Stack<T>` entworfen, der Instanzen vom Typ `T` auf einem Stack verwalten soll. `Stack<T>` deklariert einen einzelnen generischen Parameter `T`:

```
public class Stack<T>
{
  int position;
  T[] data = new T[100];
  public void Push (T obj) { data[position++] = obj;  }
  public T Pop()           { return data[--position]; }
}
```

Wir können Stack<T> so nutzen:

```
Stack<int> stack = new Stack<int>();
stack.Push(5);
stack.Push(10);
int x = stack.Pop();        // x ist 10
int y = stack.Pop();        // y ist 5
```

Stack<int> gibt für den generischen Parameter T das generische Argument int vor, wodurch implizit ein Typ erstellt wird (die Synthese geschieht zur Laufzeit). Stack<int> hat im Endeffekt folgende Definition (die Ersetzungen sind hervorgehoben, der Klassenname wurde durch ### ersetzt, um Verwirrung zu vermeiden):

```
public class ###
{
  int position;
  int[] data;
  public void Push (int obj) { data[position++] = obj; }
  public int Pop()           { return data[--position];}
}
```

Technisch ausgedrückt, ist Stack<T> ein *offener Typ*, Stack<int> dagegen ein *geschlossener Typ*. Sie können nur einen geschlossenen Typ instantiieren, da alle Platzhalter-Typen angegeben sein müssen.

Warum Generics existieren

Generics sind dazu da, Code zu schreiben, der für verschiedene Typen wiederverwendbar ist. Stellen Sie sich vor, Sie brauchen einen Stack für Integer-Werte, haben aber keine generischen Typen. Eine Lösung wäre, eine separate Version der Klasse für jeden erforderlichen Element-Typ zu schreiben (zum Beispiel IntStack, StringStack und so weiter). Das würde natürlich zu deutlichen Codevervielfachungen führen. Eine andere Lösung wäre, einen Stack zu schreiben, der generalisiert ist, indem als Element-Typ `object` genutzt wird:

```
public class ObjectStack
{
  int position;
  object[] data = new object[10];
  public void Push (object obj){data[position++] = obj;}
  public object Pop()          { return data[--position];}
}
```

Ein `ObjectStack` würde allerdings für das Speichern von Integer-Werten nicht so gut funktionieren wie ein »richtig« geschriebener `IntStack`. Denn bei einem `ObjectStack` müsste man Boxing und Downcasting durchführen, das nicht beim Kompilieren überprüft werden könnte:

```
// Angenommen, wir wollten hier Integer-Werte speichern:
ObjectStack stack = new ObjectStack();

stack.Push ("s");           // Falscher Typ, aber kein Fehler!
int i = (int)stack.Pop();  // Downcast - Laufzeitfehler
```

Wir brauchen also eine generelle Implementierung eines Stack, die für alle Element-Typen verwendbar ist, und eine Möglichkeit, diesen Stack einfach für einen bestimmten Element-Typ zu spezialisieren, um eine bessere Typsicherheit zu haben und weniger Casting und Boxing durchführen zu müssen. Generics ermöglichen uns genau das, indem wir den Element-Typ parametrisieren können. `Stack<T>` hat die Vorteile von `ObjectStack` und `IntStack`. Wie `ObjectStack` wird `Stack<T>` nur einmal für *alle* Typen geschrieben. Und wie `IntStack` ist `Stack<T>` auf einen bestimmten Typ *spezialisiert* – dieser Typ ist `T`, den wir nach Bedarf einsetzen.

HINWEIS

`ObjectStack` ist funktional äquivalent zu `Stack<object>`.

Generische Methoden

Eine *generische Methode* deklariert generische Parameter innerhalb ihrer Signatur.

Mit generischen Methoden können viele grundlegende Algorithmen sehr allgemein implementiert werden. Hier eine generische Methode, die zwei Werte eines beliebigen Typs vertauscht:

```
static void Swap<T> (ref T a, ref T b)
{
  T temp = a; a = b; b = temp;
}
```

`Swap<T>` kann wie folgt verwendet werden:

```
int x = 5, y = 10;
Swap (ref x, ref y);
```

Im Allgemeinen ist es nicht notwendig, Typ-Parameter an eine generische Methode zu übergeben, da der Compiler den Typ implizit ermitteln kann. Würde dies zu einer Mehrdeutigkeit führen, können generische Methoden mit dem Typ-Parameter aufgerufen werden:

```
Swap<int> (ref x, ref y);
```

Innerhalb eines generischen *Typs* ist eine Methode so lange nicht generisch, wie sie nicht selbst generische Parameter *einführt* (mit den spitzen Klammern). In unserem generischen Stack nutzt die Methode `Pop` nur den schon im Typ bestehenden generischen Parameter `T` und ist daher nicht als generische Methode klassifiziert.

Methoden und Typen sind die einzigen Konstrukte, die generische Parameter einführen können. Eigenschaften, Indexer, Events, Felder, Operatoren und so weiter können keine generischen Parameter deklarieren, auch wenn sie die generischen Parameter verwenden können, die vom umhüllenden Typ deklariert wurden. In unserem Beispiel mit dem generischen Stack könnten wir zum Beispiel einen Indexer schreiben, der ein generisches Element zurückgibt:

```
public T this [int index] { get {return data [index];} }
```

Deklarieren generischer Parameter

Generische Parameter können bei der Deklaration von Klassen, Structs, Interfaces, Delegates (siehe den Abschnitt »Delegates«)

und Methoden eingeführt werden. Andere Konstrukte, wie zum Beispiel Eigenschaften, können keine generischen Parameter *neu einführen*, sie aber *verwenden*. So verwendet zum Beispiel die Eigenschaft `Value` den generischen Parameter `T`:

```
public struct Nullable<T>
{
  public T Value {get;}
}
```

Ein generischer Typ oder eine Methode kann mehrere Parameter haben:

```
class Dictionary<TKeyType, TValueType> {...}
```

zum Instantiieren:

```
Dictionary<int,string> myDic =
  new Dictionary<int,string>( );
```

oder (ab C# 3.0):

```
var myDic = new Dictionary<int,string>( );
```

Generische Typnamen und Methodennamen können überladen werden, solange sich die Anzahl der generischen Parameter unterscheidet. So kommen zum Beispiel die folgenden beiden Typnamen nicht miteinander in Konflikt:

```
class A<T> {}
class A<T1,T2> {}
```

HINWEIS

Es ist üblich, bei generischen Typen und Methoden mit einem *einzelnen* generischen Parameter diesen Parameter `T` zu nennen, solange der Sinn des Parameters klar ist. Bei *mehreren* generischen Parametern beginnt jeder Parameter mit `T`, hat aber einen beschreibenderen Namen.

typeof und Generics

Für den Operator `typeof` muss die Anzahl der Parameter angegeben werden, wenn man nach dem Typ eines offenen Typs fragt:

```
class A<T> {}
class A<T1,T2> {}
...

Type a1 = typeof(A<>);
Type a2 = typeof(A<,>);
```

Hier ein Beispiel dafür, wie man nach dem Typ eines geschlossenen Typs fragt:

```
Type a3 = typeof(A<int,int>);
```

Der generische Wert default

Das Schlüsselwort `default` kann genutzt werden, um den Standardwert für ein angegebenes generisches Typ-Argument zu erhalten. Der Standardwert für einen Referenz-Typ ist `null`, der für Werte-Typen ist das Ergebnis eines bitweisen Löschens der Felder des Typs:

```
static void Zap<T> (T[] array)
{
  for (int i = 0; i < array.Length; i++)
    array[i] = default(T);
}
```

Generische Constraints

Standardmäßig kann ein generischer Parameter durch jeden beliebigen Typ ersetzt werden. *Constraints* können für einen generischen Parameter angegeben werden, damit spezifischere Typ-Argumente erforderlich sind. Das sind die möglichen Constraints:

```
where T : Basisklasse        // Basisklassen-Constraint
where T : Interface          // Interface-Constraint
where T : class              // Klassen-Constraint
where T : struct             // Struct-Constraint
where T : new()              // Parameterloser Konstruktor-
                             // Constraint
where U : T                  // Naked-Type-Constraint
```

Im folgenden Beispiel muss das `T` in `GenericClass<T>` von `SomeClass` abgeleitet sein und `Interface1` implementieren:

```
class     SomeClass {}
interface Interface1 {}

class GenericClass<T> where T : SomeClass, Interface1 {}
```

Constraints können überall dort angewendet werden, wo generische Parameter definiert sind, sowohl in Methoden als auch in Typdefinitionen.

Ein *Basisklassen-Constraint* oder *Interface-Constraint* legt fest, dass der Typ-Parameter eine bestimmte Klasse oder eine davon abgeleitete Subklasse sein muss oder ein Interface implementiert. Damit können Instanzen dieses Typs implizit in diese Klasse oder dieses Interface gecastet werden. Stellen Sie sich zum Beispiel vor, wir würden eine generische Methode `Max` schreiben, die das Maximum zweier Werte zurückgibt. Wir können das generische Interface `IComparable<T>` nutzen, das im Namensraum `System` definiert ist:

```
public interface IComparable<T>
{
  int CompareTo (T other);
}
```

`CompareTo` liefert einen positiven Wert zurück, wenn `other` größer als `this` ist. Nutzen wir dieses Interface als Constraint, können wir eine Methode `Max` wie folgt schreiben (aus Gründen der Übersichtlichkeit lassen wir hier eine Prüfung auf null weg):

```
static T Max <T> (T a, T b) where T : IComparable<T>
{
  return a.CompareTo (b) > 0 ? a : b;
}
```

Die Methode `Max` kann Argumente beliebigen Typs nutzen, solange dieser `IComparable<T>` implementiert (was für die meisten eingebauten Typen wie `int` und `string` der Fall ist):

```
int z = Max (5, 10);                 // 10
string last = Max ("ant", "zoo");    // zoo
```

Der *Klassen-Constraint* und der *Struct-Constraint* legen einfach fest, dass `T` eine `class` beziehungsweise ein `struct` sein muss. Ein gutes Beispiel für den Struct-Constraint findet sich im Struct

System.Nullable<T> (wir werden diese Klasse noch genauer im Abschnitt »Nullbare Typen« behandeln):

```
struct Nullable<T> where T : struct {...}
```

Der *Parameterlose Konstruktor-Constraint* legt fest, dass T einen öffentlichen, parameterlosen Konstruktor haben muss. Wenn dieser Constraint definiert ist, können Sie new( ) für T aufrufen:

```
static void Initialize<T> (T[] array) where T : new( )
{
  for (int i = 0; i < array.Length; i++)
    array[i] = new T( );
}
```

Der *Naked-Type-Constraint* definiert, dass ein generischer Parameter von einem *anderen generischen Parameter* abgeleitet wird. In diesem Beispiel liefert die Methode FilteredStack einen anderen Stack zurück, der nur eine Untermenge von Elementen enthält, wobei der generische Parameter T dem generischen Parameter U entspricht:

```
class Stack<T>
{
  Stack<U> FilteredStack<U>( ) where U : T {...}
}
```

Generics und Kovarianz

Generische Typen sind nicht kovariant. Das heißt, dass, selbst wenn B nach A gecastet werden kann, T<B> nicht zwingend nach T<A> zu casten ist. Stellen Sie sich zum Beispiel vor, Animal und Bear wären wie folgt definiert:

```
class Animal {}
class Bear : Animal {}
```

Das Folgende ist ungültig:

```
Stack<Bear> bears = new Stack <Bear>( );

// Kompilierungsfehler
Stack<Animal> animals = bears;
```

Durch fehlende Kovarianz kann die Wiederverwendbarkeit eingeschränkt sein. Stellen Sie sich zum Beispiel vor, wir wollten eine Methode `Wash` schreiben, die einen Stack mit Tieren wäscht:

```
public class ZooCleaner
{
  public static void Wash (Stack<Animal> animals) {...}
}
```

Ein Aufruf von `Wash` mit einem Stack mit Bären würde einen Kompilierungsfehler erzeugen. Der Workaround ist, die Methode `Wash` mit einem Constraint zu definieren:

```
public class ZooCleaner
{
  public static void Wash<T> (Stack<T> animals)
    where T : Animal {}
}
```

Wir können `Wash` nun wie folgt aufrufen:

```
Stack<Bear> bears = new Stack<Bear>();
ZooCleaner.Wash (bears);
```

Kovarianz und Kontravarianz in C# 4.0

Die Einschränkung, dass Generics nicht kovariant sind, wird in C# 4.0 für Interfaces und Delegates gelockert. Dazu werden zwei neue Modifizierer für generische Typparameter eingeführt, `out` und `in`, die anzeigen, ob das Interface oder Delegate kovariant bzw. kontravariant über den Typparameter ist.

Kovarianz heißt, dass eine Instanz eines engeren Typs als Instanz eines weiteren Typs verwendet werden kann. Kontravarianz heißt, dass eine Instanz eines weiteren Typs als Instanz eines engeren Typs verwendet werden kann.

HINWEIS

Dieses Verständnis von Kovarianz und Kontravarianz ist aus ihrer mathematischen Bedeutung abgeleitet. Eine Operation ist kovariant, wenn sie das Verhältnis zwischen ihren Argumenten bewahrt. Sie ist kontravariant, wenn sie das Verhältnis zwischen ihren Argumenten umkehrt.

Folgende Klassenstruktur vorausgesetzt

```
public class China {}
public class Cup : China {}
public class Plate : China {}
```

hieße das, dass folgende Zuweisungen zulässig wären, wenn `Ko` kovariant und `Kontra` kontravariant wäre:

```
Ko<China> kovariant = new Ko<Cup>();
Kontra<Cup> kontravariant = new Kontra<China>();
```

Kovarianz und Kontravarianz werden in C# 4.0 auch von passenden CLR-Typen wie IEnumerable (Kovarianz) oder IComparable (Kontravarianz) unterstützt.

Kovarianz

Folgendermaßen könnte man ein kovariantes Interface definieren:

```
public interface IFactory<out T> { T produce(); }
```

`out` zeigt an, dass Methoden des entsprechenden Interfaces den Typparameter nur auf Ausgabeseite nutzen. Der Compiler würde einen Fehler melden, enthielte es eine Methodendeklaration wie `T transform (T t)`.

Nehmen wir an, wir hätten folgende Implementierungsklasse für das Interface:

```
public class Factory<T> : IFactory<T> where T : new() {
    public T produce() { return new T(); }
}
```

Die Kovarianz des Interfaces ließe sich dann z.B. folgendermaßen nutzen:

```
Stack<IFactory<China>> facs = new Stack<IFactory<China>>();
Stack<China> china = new Stack<China>();
facs.Push(new Factory<Plate>());
facs.Push(new Factory<Cup>());
foreach(IFactory<China> fac in facs) {
    china.Push(fac.produce());
}
```

Beachten Sie, dass sich die Kovarianz nicht auf die Implementierungsklasse erstreckt. Sie ist nur für das Interface gesichert. facs kann also nicht als Stack<Factory<China>> definiert werden.

Kontravarianz

Folgendermaßen könnte man ein kontravariantes Delegate definieren:

```
delegate void Smash<in T>(T t);
```

in zeigt an, dass der Typparameter nur auf Eingabeseite erscheinen kann. Erscheint er auf der Ausgabeseite, meldet der Compiler einen Fehler.

Eine (Lambda-basierte) Implementierung dieses Delegates könnte so aussehen:

```
Smash<China> smash =
             c => Console.WriteLine("Smashed {0}!", c);
```

Da dieses Delategate mit jedem Argument arbeiten kann, das als China-Instanz behandelt werden kann, lässt es sich folgendermaßen verwenden:

```
Smash<Plate> smashPlate = smash;
smashPlate(new Plate());
```

Erstellen abgeleiteter Klassen von generischen Typen

Von einer generischen Klasse können Klassen genau so abgeleitet werden wie von einer nicht-generischen Klasse. Die Subklasse kann den generischen Parameter der Basisklasse offen lassen:

```
class Stack <T>                      {...}
class SpecialStack <T> : Stack <T> {...}
```

Es ist aber auch möglich, den generischen Typ-Parameter durch einen konkreten Typ zu schließen:

```
class IntStack : Stack<int>  { ... }
```

Eine Subklasse kann auch eigene, neue generische Argumente mitbringen:

```
class Single<T> { ... }
class Double<T,U> : Single<T> { ... }
```

Selbstreferenzielle generische Deklarationen

Ein Typ kan *sich selbst* als konkreten Typ nennen, wenn er ein generisches Argument schließt:

```
public interface IEquatable<T> { bool Equals (T obj); }

public class Balloon : IEquatable<Balloon>
{
  string color;
  int cc;

  public bool Equals (Balloon b)
  {
    if (b == null) return false;
    return b.color == color && b.cc == cc;
  }
}
```

Statische Daten

Statische Daten sind für jeden geschlossenen Typ getrennt vorhanden:

```
class Bob<T> { public static int Count; }

class Test
{
  static void Main()
  {
    Console.WriteLine (++Bob<int>.Count);     // 1
    Console.WriteLine (++Bob<int>.Count);     // 2
    Console.WriteLine (++Bob<string>.Count);  // 1
    Console.WriteLine (++Bob<object>.Count);  // 1
  }
}
```

Initialisierung generischer Collections

Sie können eine generische Collection in einem einzelnen Schritt instantiieren und befüllen:

```
using System.Collections.Generic;
...

List<int> list = new List<int> {1, 2, 3};
```

Der Compiler wandelt das um nach:

```
using System.Collections.Generic;
...

List<int> list = new List<int>( );
list.Add (1); list.Add (2); list.Add (3);
```

Dafür ist erforderlich, dass die Collection das Interface `ICollection<T>` implementiert, das in `System.Collections.Generic` definiert ist – dem Standard-.NET-Interface für veränderbare Collections.

Delegates

Ein Delegate verbindet dynamisch einen Aufrufer einer Methode mit seiner Zielmethode. Es gibt zwei Ausprägungen bei einem Delegate: *Typ* und *Instanz*. Ein *Delegate-Typ* definiert ein *Protokoll*, an das sich Aufrufender und Ziel halten und das aus einer Liste von Parametertypen und einem Rückgabetyp besteht. Eine *Delegate-Instanz* bezieht sich auf eine oder mehrere Zielmethoden, die diesem Protokoll entsprechen.

Eine Delegate-Instanz funktioniert als Delegierter für den Aufrufenden: Der Aufrufende wendet sich an das Delegate, und das Delegate ruft die Zielmethode auf. Diese Indirektion entkoppelt den Aufrufenden von der Zielmethode.

Die Deklaration eines Delegate-Typs beginnt mit dem Schlüsselwort `delegate`, sieht aber ansonsten wie eine (abstrakte) Methodendeklaration aus:

```
delegate int Transformer (int x);
```

Um eine Delegate-Instanz zu erzeugen, können Sie einer Delegate-Variablen eine Methode zuweisen:

```
class Test
{
```

```
  static void Main()
  {
    Transformer t = Square;   // Erstelle Delegate-Instanz
    int result = t(3);        // Rufe Delegate auf
    Console.Write (result);   // 9
  }
  static int Square (int x) { return x * x; }
}
```

Das Aufrufen eines Delegate ist wie das Aufrufen einer Methode (da der Zweck des Delegate ist, nur eine Indirektionsschicht einzuschieben):

```
t(3);
```

Die Anweisung:

```
Transformer t = Square;
```

ist eine Kurzform von:

```
Transformer t = new Transformer(Square);
```

HINWEIS

Ein Delegate entspricht einem »Callback«, einem allgemeinen Begriff, der solche Konstrukte wie C-Funktionszeiger beschreibt.

Schreiben von Plug-in-Methoden mit Delegates

Einer Delegate-Variablen wird eine Methode *dynamisch* zugewiesen. Das ist nützlich, wenn man Plug-in-Methoden schreiben will. In diesem Beispiel haben wir eine Hilfsmethode namens `Transform`, die eine Transformation auf jedes Element in einem Integer-Array anwendet. Die Methode `Transform` bietet einen Delegate-Parameter, um eine Plug-in-Transformation anzugeben.

```
public delegate int Transformer (int x);

public class Util
{
  public static void Transform (int[] values,
                                Transformer t)
```

```
    {
      for (int i = 0; i < values.Length; i++)
        values[i] = t(values[i]);
    }
  }

  class Test
  {
    static void Main( )
    {
      int[] values = new int[] {1, 2, 3};
      Util.Transform(values, Square);   // Square dynamisch
                                        // einhängen
      foreach (int i in values)
        Console.Write (i + "  ");       // 1  4  9
    }

    static int Square (int x) { return x * x; }
  }
```

Multicast-Delegates

Alle Delegate-Instanzen haben eine *Multicast*-Fähigkeit. Das bedeutet, dass eine Delegate-Instanz nicht nur auf eine einzelne Zielmethode verweisen kann, sondern auf eine ganze Liste. Der Operator += verbindet die Delegate-Instanzen:

```
SomeDelegate d = SomeMethod1;
d += SomeMethod2;
```

Ruft man `d` auf, werden nun sowohl `SomeMethod1` als auch `SomeMethod2` aufgerufen. Delegates werden in der Reihenfolge ausgeführt, in der sie hinzugefügt wurden.

Die Methode -= entfernt den rechten Delegate-Operanden vom linken Delegate-Operanden:

```
d -= SomeMethod1;
```

Ruft man `d` erneut auf, wird jetzt nur noch `SomeMethod2` ausgeführt.

Ein Aufruf von += für eine Delegate-Variable mit einem Wert `null` funktioniert und entspricht dem Zuweisen eines neuen Werts an die Variable:

```
SomeDelegate d = null;
d += SomeMethod1;          // Entspricht (wenn d null ist)
                           // d = SomeMethod1;
```

HINWEIS

Alle Delegate-Typen erben implizit von `System.Multicast-Delegate`, das von `System.Delegate` erbt. C# wandelt die Operationen `+=` und `-=` für ein Delegate in die statischen Methoden `Combine` und `Remove` der Klasse `System.Delegate` um.

Wenn ein Multicast-Delegate einen Rückgabewert hat, der nicht void ist, erhält der Aufrufende den Rückgabewert der letzten ausgeführten Methode. Die vorigen Methoden werden zwar auch aufgerufen, ihre Rückgabewerte aber verworfen. In den meisten Szenarien, in denen Multicast-Delegates verwendet werden, haben diese den Rückgabetyp `void`, daher spielt dieses Detail dort keine Rolle.

Instanzmethoden versus statische Methoden als Ziele

Wenn einer Delegate-Instanz eine Instanzmethode zugewiesen wird, enthält die Delegate-Instanz nicht nur eine Referenz auf die Methode, sondern auch auf die *Instanz* dieser Methode. (Die Eigenschaft `Target` der Klasse `System.Delegate` repräsentiert diese Instanz und ist bei einer Referenz auf eine statische Methode null.)

Generische Delegate-Typen

Ein Delegate-Typ kann generische Typ-Parameter enthalten:

```
public delegate T Transformer<T> (T arg);
```

So könnten wir diesen Delegate-Typ verwenden:

```
static double Square (double x) { return x * x; }

static void Main( )
{
  Transformer<double> s = Square;
  Console.WriteLine (s (3.3));        // 10.89
}
```

Delegate-Kompatibilität

Typ-Kompatibilität

Delegate-Typen sind untereinander alle inkompatibel, selbst wenn ihre Signaturen gleich sind:

```
delegate void D1( );
delegate void D2( );
...

D1 d1 - Method1;
D2 d2 = d1;                         // Kompilierungsfehler
```

Delegate-Instanzen werden als gleich angesehen, wenn sie die gleichen Zielmethoden besitzen:

```
delegate void D( );
...

D d1 = Method1;
D d2 = Method1;
Console.WriteLine (d1 == d2);         // true
```

Parameter-Kompatibilität

Wenn Sie eine Methode aufrufen, können Sie Argumente mitgeben, die spezifischere Typen haben als die Parameter dieser Methode. Das ist ganz normales polymorphes Verhalten. Aus genau dem gleichen Grund kann ein Delegate spezifischere Parameter-Typen besitzen als seine Zielmethode. Das wird als *Kontravarianz* bezeichnet.

Hier ein Beispiel:

```
delegate void SpecificDelegate (SpecificClass s);

class SpecificClass { }

static void Main( )
{
  SpecificDelegate specificDelegate = GeneralHandler;
  specificDelegate (new SpecificClass( ));
}
```

```
static void GeneralHandler (object o)
{
  Console.WriteLine (o.GetType( ));  // SpecificClass
}
```

HINWEIS

Das Standard-Event-Muster ist dazu gedacht, Ihnen beim Hervorheben der Kontravarianz durch die Verwendung der gebräuchlichen Basisklasse `EventArgs` zu helfen. Sie können zum Beispiel eine einzelne Methode durch zwei verschiedene Delegates aufrufen lassen, wobei das eine ein `MouseEventArgs` und das andere ein `KeyEventArgs` übergibt.

Rückgabetyp-Kompatibilität

Wenn Sie eine Methode aufrufen, erhalten Sie eventuell einen Rückgabetyp, der spezifischer ist als das, wonach Sie gefragt haben. Das ist normales polymorphes Verhalten. Aus diesem Grund kann der Rückgabetyp eines Delegates weniger spezifisch sein als der Rückgabetyp seiner Zielmethode. Dies wird als *Kovarianz* bezeichnet:

```
delegate Asset DebtCollector( );

class Asset { }
class House : Asset { }

static void Main( )
{
   DebtCollector d = new DebtCollector (GetHomeSweetHome);
   Asset a = d( );
   Console.WriteLine (a.GetType( ));   // House
}
static House GetHomeSweetHome( ) { return new House( ); }
```

Der `DebtCollector` erwartet, ein `Asset` zu erhalten – das kann aber ein beliebiges `Asset` sein: Delegate-Rückgabetypen sind *kovariant*.

Events

Wenn man Delegates nutzt, gibt es zwei Rollen, die sehr häufig im Spiel sind: Broadcaster und Subscriber.

Der *Broadcaster* ist ein Typ, der ein Delegate-Feld enthält. Er entscheidet, wann ein Broadcast verschickt werden soll, indem er das Delegate aufruft.

Die *Subscriber* sind die Zielmethodenempfänger. Ein Subscriber entscheidet, von wann bis wann er zuhört, indem er += und -= für das Delegate des Broadcasters verwendet. Ein Subscriber weiß nichts von anderen Subscribern, kommt mit ihnen aber auch nicht in Konflikt.

Events sind ein Sprachfeature, das dieses Muster formalisiert. Ein `event` ist eine Hülle für ein Delegate, das nur die Untermenge an Delegate-Features bereitstellt, die für das Broadcaster/Subscriber-Modell notwendig sind. Der Hauptzweck von Events ist, *Subscriber davon abzuhalten, sich untereinander ins Gehege zu kommen.*

Um einen Event-Member zu deklarieren, stellen Sie einem Delegate-Member das Schlüsselwort `event` voran:

```
public class Broadcaster
{
  public event ProgressReporter Progress;
}
```

Code innerhalb des Typs `Broadcaster` hat vollständigen Zugriff auf `Progress` und kann es wie ein Delegate behandeln. Code außerhalb von `Broadcaster` kann nur die Operationen += und -= auf `Progress` anwenden.

Schauen Sie sich das folgende Beispiel an. Die Klasse `Stock` ruft ihr Event `PriceChanged` jedes Mal auf, wenn sich der `Price` von `Stock` ändert:

```
public delegate void PriceChangedHandler
  (decimal oldPrice, decimal newPrice);

public class Stock
{
```

```
  string symbol;
  decimal price;

  public Stock (string symbol) {this.symbol = symbol;}

  public event PriceChanged PriceChanged;

  public decimal Price
  {
    get { return price; }
    set
    {
      if (price == value) return;
      if (PriceChanged != null)
        PriceChanged (price, value);   // Event auslösen
      price = value;
    }
  }
}
```

Hätten wir das Schlüsselwort `event` aus unserem Beispiel entfernt, sodass `PriceChanged` ein normales Delegate-Feld geworden wäre, würde unser Beispiel zum gleichen Ergebnis führen. Aber `Stock` wäre dann weniger robust, denn Subscriber könnten die folgenden Dinge machen, um sich gegenseitig zu beeinflussen:

- Ersetzen anderer Subscriber durch ein erneutes Zuweisen an `PriceChanged` (statt den Operator += zu nutzen).
- Entfernen aller Subscriber, indem `PriceChanged` auf `null` gesetzt wird.
- Absetzen eines Broadcast an andere Subscriber, indem das Delegate aufgerufen wird.

Standard-Event-Muster

Das .NET Framework definiert ein Standardmuster zum Schreiben von Events. Sein Zweck ist, im Framework und im Benutzercode für Konsistenz zu sorgen. So sieht das vorige Beispiel aus, wenn man es auf dieses Muster umbaut:

```
using System;

public class PriceChangedEventArgs : EventArgs
```

```
{
  public readonly decimal LastPrice;
  public readonly decimal NewPrice;

  public PriceChangedEventArgs (decimal lastPrice,
                                decimal newPrice)
  {
    LastPrice = lastPrice; NewPrice = newPrice;
  }
}

public class Stock
{
  string symbol;
  decimal price;

  public Stock (string symbol) {this.symbol = symbol;}

  public event EventHandler<PriceChangedEventArgs>
               PriceChanged;

  protected virtual void OnPriceChanged
                      (PriceChangedEventArgs e)
  {
    if (PriceChanged != null) PriceChanged (this, e);
  }

  public decimal Price
  {
    get { return price; }
    set
    {
      if (price == value) return;
      OnPriceChanged (new PriceChangedEventArgs (price,
                                                 value));
      price = value;
    }
  }
}
```

Das Herzstück des Standard-Event-Musters ist `System.EventArgs`: eine vordefinierte Framework-Klasse ohne Member (abgesehen von der statischen Eigenschaft `Empty`). `EventArgs` ist eine Basisklasse für das Übermitteln von Informationen an ein Event. In diesem Beispiel bilden wir eine Subklasse von `EventArgs`, um den alten und den neuen Preis weiterzugeben, wenn das Event `PriceChanged` ausgelöst wird.

Das generische Delegate `System.EventHandler` ist ebenfalls Teil des .NET Framework und wie folgt definiert:

```
public delegate void EventHandler<TEventArgs>
  (object source, TEventArgs e)
   where TEventArgs : EventArgs;
```

HINWEIS

Vor C# 2.0 (als Generics zur Sprache kamen) schrieb man stattdessen für jeden `EventArgs`-Typ ein eigenes Delegate zum Event-Handling:

```
delegate void PriceChangedHandler
  (object sender,
   PriceChangedEventArgs e);
```

Aus historischen Gründen verwenden die meisten Events im Framework Delegates, die auf diese Art und Weise definiert wurden.

Eine protected virtuelle Methode namens `On`-*`Eventname`* ist zentral für das Auslösen des Events verantwortlich. Damit können Subklassen das Event feuern (was meist erwünscht ist) und vor oder nach dem Auslösen des Events Code einfügen.

So könnten wir unsere Klasse `Stock` nutzen:

```
static void Main( )
{
  Stock stock = new Stock ("THPW");
  stock.Price = 27.10M;

  stock.PriceChanged += stock_PriceChanged;
  stock.Price = 31.59M;
}

static void stock_PriceChanged
  (object sender, PriceChangedEventArgs e)
{
  if ((e.NewPrice - e.LastPrice) / e.LastPrice > 0.1M)
    Console.WriteLine ("Achtung, 10% Preissteigerung!");
}
```

Bei Events, die keine zusätzlichen Informationen übermitteln, stellt das Framework noch ein nicht-generisches Delegate `EventHandler` bereit. Wir können dies demonstrieren, indem wir die Klasse `Stock` so umschreiben, dass das Event `PriceChanged` ausgelöst wird, *nachdem* sich der Preis geändert hat. Das bedeutet, dass keine zusätzlichen Informationen mit dem Event übermittelt werden müssen:

```
public class Stock
{
  string symbol;
  decimal price;

  public Stock (string symbol) {this.symbol = symbol;}

  public event EventHandler PriceChanged;

  protected virtual void OnPriceChanged (EventArgs e)
  {
    if (PriceChanged != null) PriceChanged (this, e);
  }

  public decimal Price
  {
    get { return price; }
    set
    {
      if (price == value) return;
      price = value;
      OnPriceChanged (EventArgs.Empty);
    }
  }
}
```

Beachten Sie, dass wir hier auch die Eigenschaft `EventArgs.Empty` verwendet haben – dadurch ersparen wir uns das Erzeugen einer Instanz von `EventArgs`.

Event-Accessors

Die *Accessors* eines Events sind die Implementierungen seiner Funktionen `+=` und `-=`. Standardmäßig werden Accessors implizit vom Compiler implementiert. Bei folgender Eventdeklaration:

```
public event EventHandler PriceChanged;
```

wandelt der Compiler dies um in:

- ein privates Delegate-Feld,
- ein öffentliches Paar Event-Accessor-Funktionen, deren Implementierungen die Operationen += und -= an das private Delegate-Feld weiterleiten.

Sie können diesen Prozess selbst in die Hand nehmen, indem Sie *explizit* Event-Accessors definieren. So sieht eine manuelle Implementierung des Events PriceChanged aus unserem vorigen Beispiel aus:

```
private EventHandler _PriceChanged;  // privates Delegate

public event EventHandler PriceChanged
{
  add    { _PriceChanged += value;  }
  remove { _PriceChanged -= value;  }
}
```

Dieses Beispiel ist funktional identisch mit der Standard-Accessor-Implementierung von C#. Die Schlüsselwörter add und remove nach der Deklaration des Events weisen C# an, kein Standardfeld und keine Accessor-Logik zu generieren.

Bei expliziten Event-Accessors können Sie komplexere Strategien zum Speichern und Ansprechen des zugrunde liegenden Delegates anwenden. Es gibt drei Szenarien, in denen das nützlich ist:

- Wenn die Event-Accessors nicht mehr tun, als an eine andere Klasse weiterzuleiten, die das Event verbreitet.
- Wenn die Klasse eine große Zahl an Events bereitstellt, es aber meist nur sehr wenige Subscriber gibt, wie zum Beispiel bei einem Windows-Steuerelement. In solchen Fällen ist es besser, die Delegate-Instanz des Subscribers in einem Dictionary zu speichern, da dafür weniger Speicher verbraucht wird als bei Dutzenden von Delegate-Feldreferenzen, die nur eine Null enthalten.
- Wenn man explizit ein Interface implementiert, das ein Event deklariert.

Hier ein Beispiel für den letzten Punkt:

```
public interface IFoo { event EventHandler Ev; }

class Foo : IFoo
{
  private EventHandler ev;
  event EventHandler IFoo.Ev
  {
    add { ev += value; } remove { ev -= value; }
  }
}
```

Event-Modifikatoren

Wie Methoden können Events auch virtuell, überschrieben, abstrakt und versiegelt sein. Statische Events sind ebenfalls möglich.

Lambda-Ausdrücke

Ein *Lambda-Ausdruck* ist eine Methode ohne Namen, die anstelle einer Delegate-Instanz geschrieben wird. Der Compiler wandelt den Lambda-Ausdruck direkt um:

- in eine Delegate-Instanz oder
- in einen *Expression Tree* vom Typ `Expression<TDelegate>`, der den Code im Lambda-Ausdruck in einem traversierbaren Objektmodell repräsentiert. Damit können Lambda-Ausdrücke zur Laufzeit interpretiert werden (wir beschreiben den Prozess in Kapitel 8 von *C# 3.0 in a Nutshell*).

Wenn wir folgenden Delegate-Typ haben:

```
delegate int Transformer (int i);
```

können wir den Lambda-Ausdruck `x => x * x` wie folgt zuweisen und ausführen:

```
Transformer sqr = x => x * x;
Console.WriteLine (sqr(3));    // 9
```

HINWEIS

Intern löst der Compiler Lambda-Ausdrücke dieses Typs auf, indem er eine private Methode erstellt und den Code des Ausdrucks in diese Methode kopiert.

Ein Lambda-Ausdruck hat die folgende Form:

```
(Parameter) => Ausdrucks- oder Anweisungsblock
```

Aus Gründen der Bequemlichkeit können Sie die Klammern weglassen, wenn es genau einen Parameter eines ableitbaren Typs gibt.

In unserem Beispiel gibt es einen einzelnen Parameter `x`, und der Ausdruck ist `x * x`:

```
x => x * x;
```

Jeder Parameter des Lambda-Ausdrucks entspricht einem Delegate-Parameter, und der Typ des Ausdrucks (der `void` sein kann) entspricht dem Rückgabetyp des Delegate.

In unserem Beispiel entspricht `x` dem Parameter `i` und der Ausdruck `x * x` dem Rückgabetyp `int`, was kompatibel zum Delegate `Transformer` ist:

```
delegate int Transformer (int i);
```

Der Code eines Lambda-Ausdrucks kann statt eines Ausdrucks auch einen *Anweisungsblock* enthalten. Wir können unser Beispiel wie folgt umschreiben:

```
x => {return x * x;};
```

Explizite Angabe von Lambda-Parameter-Typen

Der Compiler kann den Typ der Lambda-Parameter normalerweise automatisch aus dem Kontext heraus *erkennen*. Wenn das nicht der Fall ist, müssen Sie den Typ jedes Parameters explizit angeben. Schauen Sie sich den folgenden Delegate-Typ an:

```
delegate int Transformer (int i);
```

Der Compiler verwendet die Typbestimmung, um zu ermitteln, dass `x` ein `int` ist, indem er den Parameter-Typ von `Transformer` untersucht:

```
Transformer d = x => x * x;
```

Wir könnten den Typ von `x` auch explizit angeben:

```
Transformer d = (int x) => x * x;
```

Generische Lambda-Ausdrücke und die Func-Delegates

Mit generischen Delegates wird es möglich, eine kleine Anzahl von Delegate-Typen zu schreiben, die so allgemein sind, dass sie für Methoden beliebigen Typs und mit einer beliebigen (aber vernünftigen) Zahl von Argumenten nutzbar sind. Diese Delegates sind `Func` und `Action`, die im Namensraum `System` definiert sind.

Dies sind die `Func`-Delegates (beachten Sie, dass `TResult` immer der letzte Typ-Parameter ist):

```
delegate TResult Func <T> ( );

delegate TResult Func <T, TResult>
                 (T arg1);

delegate TResult Func <T1, T2, TResult>
                 (T1 arg1, T2 arg2);

delegate TResult Func <T1, T2, T3, TResult>
                 (T1 arg1, T2 arg2, T3 arg3);

delegate TResult Func <T1, T2, T3, T4, TResult>
                 (T1 arg1, T2 arg2, T3 arg3, T4 arg4);
```

Dies sind die `Action`-Delegates:

```
delegate void Action( );

delegate void Action <T>
                     (T arg1);
```

```
delegate void Action <T1, T2>
                     (T1 arg1, T2 arg2);

delegate void Action <T1, T2, T3>
                     (T1 arg1, T2 arg2, T3 arg3);

delegate void Action <T1, T2, T3, T4>
                     (T1 arg1, T2 arg2, T3 arg3,
                                        T4 arg4);
```

Diese Delegates sind ausgesprochen allgemein. Das Delegate `Transformer` aus unserem vorigen Beispiel kann durch ein `Func`-Delegate ersetzt werden, das ein einzelnes `int`-Argument erwartet und einen `int`-Wert zurückgibt:

```
Func<int,int> sqr = x => x * x;
Console.WriteLine (sqr(3));     // 9
```

Äußere Variablen

Ein Lambda-Ausdruck kann die lokalen Variablen und Parameter der Methode nutzen, in der er definiert ist:

```
static void Main( )
{
  int factor = 2;
  Func<int, int> multiplier = n => n * factor;
  Console.WriteLine (multiplier (3));           // 6
}
```

Lokale Variablen und Parameter, die durch einen Lambda-Ausdruck genutzt werden, bezeichnet man als *äußere Variablen* oder *übernommene Variablen*. Ein Lambda-Ausdruck, der äußere Variablen nutzt, wird als *Closure* bezeichnet.

Äußere Variablen werden ausgewertet, wenn das Delegate tatsächlich *aufgerufen* wird, und nicht, wenn die Variablen *übernommen* werden:

```
int factor = 2;
Func<int, int> multiplier = n => n * factor;
factor = 10;
Console.WriteLine (multiplier (2));           // 20
```

Lambda-Ausdrücke können übernommene Variablen verändern:

```
int seed = 0;
Func<int> natural = ( ) => seed++;
Console.WriteLine (natural( ));          // 0
Console.WriteLine (natural( ));          // 1
```

Die Lebenszeit äußerer Variablen wird auf die des Delegate ausgeweitet. Im folgenden Beispiel würde die lokale Variable seed normalerweise den Geltungsbereich verlassen, wenn die Ausführung von Natural beendet würde. Aber da seed übernommen wurde, wurde ihre Lebenszeit auf die des übernehmenden Delegate natural ausgedehnt:

```
static Func<int> Natural( )
{
  int seed = 0;
  return ( ) => seed++;       // Gibt ein Closure zurück
}

static void Main( )
{
  Func<int> natural = Natural( );
  Console.WriteLine (natural( ));       // 0
  Console.WriteLine (natural( ));       // 1
}
```

Eine lokale Variable, die innerhalb eines Lambda-Ausdrucks *instantiiert* wurde, ist für jeden Aufruf der Delegate-Instanz einmalig. Würden wir unser voriges Beispiel so umändern, dass seed *innerhalb* des Lambda-Ausdrucks instantiiert wird, würden wir ein anderes (in diesem Fall unerwünschtes) Ergebnis erhalten:

```
static Func<int> Natural( )
{
  return( ) => { int seed = 0; return seed++; };
}

static void Main( )
{
  NumericSequence natural = Natural( );
  Console.WriteLine (natural( ));            // 0
  Console.WriteLine (natural( ));            // 0
}
```

Anonyme Methoden

Anonyme Methoden sind ein Feature aus C# 2.0, das seit C# 3.0 durch die Lambda-Ausdrücke ersetzt werden kann. Eine anonyme Methode ist wie ein Lambda-Ausdruck, ihr fehlen aber folgende Eigenschaften:

- Implizit typisierte Parameter.
- Ausdruckssyntax (eine anonyme Methode muss immer ein Anweisungsblock sein).
- Die Möglichkeit, in einen Expression Tree kompiliert zu werden, indem man sie `Expression<T>` zuweist.

Um eine anonyme Methode zu schreiben, nutzen Sie das Schlüsselwort `delegate`, gefolgt von einer Parameterdeklaration und einem Methodenrumpf. So könnten wir zum Beispiel für dieses Delegate:

```
delegate int Transformer (int i);
```

eine anonyme Funktion wie folgt schreiben und aufrufen:

```
Transformer sqr = delegate (int x) {return x * x;};
Console.WriteLine (sqr(3));    // 9
```

Die erste Zeile ist semantisch äquivalent zum folgenden Lambda-Ausdruck:

```
Transformer sqr =             (int x) => {return x * x;};
```

Oder einfacher:

```
Transformer sqr =                   x  => x * x;
```

Anonyme Methoden übernehmen äußere Variablen genau so, wie es Lambda-Ausdrücke tun.

try-Anweisungen und Exceptions

Eine `try`-Anweisung definiert einen Codeblock, der einer Fehlerbehandlung untersteht oder nach dem auf jeden Fall aufgeräumt werden soll. Auf den `try`-Block muss ein `catch`-Block, ein abschließender `finally`-Block oder beides folgen. Der `finally`-Block wird ausgeführt, wenn der try-Block verlassen wird (oder – falls vorhanden – der catch-Block), um Code auszuführen, der auf jeden Fall am Ende laufen soll, egal ob ein Fehler auftrat oder nicht.

Ein catch-Block hat Zugriff auf ein Exception-Objekt, das Informationen über den Fehler enthält. Sie verwenden einen catch-Block, um entweder den Fehler zu beheben oder die Exception *weiterzuwerfen*. Sie werfen dann eine Exception weiter, wenn Sie das Problem nur protokollieren oder einen neuen, übergeordneteren Exception-Typ werfen wollen.

Ein finally-Block sorgt für mehr Determinismus in Ihrem Programm, indem er immer ausgeführt wird – egal was passiert ist. Das ist nützlich, wenn Sie Aufräumarbeiten zu erledigen haben, zum Beispiel das Schließen von Netzwerkverbindungen.

Eine try-Anweisung sieht so aus:

```
try
{
  ... // Exception wird eventuell beim Ausführen dieses
      // Blocks geworfen
}
catch (ExceptionA ex)
{
  ... // Kümmere dich um Exception vom Typ ExceptionA
}
catch (ExceptionB ex)
{
  ... // Kümmere dich um Exception vom Typ ExceptionB
}
finally
{
  ... // Code zum Aufräumen
}
```

Schauen Sie sich das folgende Programm an:

```
static void Main( )
{
  int x = 3, y = 0;
  Console.WriteLine (x / y);
}
```

y ist null, daher löst die Laufzeitumgebung eine `DivideByZeroException` aus, und das Programm bricht ab. Wir können das verhindern, indem wir die Exception wie folgt fangen:

```
static void Main( )
{
  try
  {
    int x = 3, y = 0;
    Console.WriteLine (x / y);
  }
  catch (DivideByZeroException ex)
  {
    Console.WriteLine ("y kann nicht 0 sein");
  }
  Console.WriteLine ("Programm beendet");
}

Ausgabe:
y kann nicht 0 sein
Programm beendet
```

Wenn eine Exception geworfen wird, führt die CLR eine Prüfung durch:

Befindet sich das Programm gerade in einer `try`-Anweisung, die die Exception fangen kann?

- Wenn dies der Fall ist, wird die Ausführung an den passenden `catch`-Block übergeben. Konnte der `catch`-Block erfolgreich abgearbeitet werden, wird mit der Ausführung der nächsten Anweisung nach der `try`-Anweisung fortgefahren (falls vorhanden, wird vorher noch der `finally`-Block ausgeführt).
- Wenn nicht, springt die Ausführung zum aufrufenden Code der Funktion zurück, und die Prüfung wird wiederholt (nachdem eventuell vorhandene `finally`-Blöcke ausgeführt wurden, die die Anweisung umschließen).

Übernimmt keine Funktion die Verantwortung für die Ausführung, wird dem Benutzer eine Fehlermeldung angezeigt und das Programm beendet.

Die catch-Klausel

Eine catch-Klausel legt fest, welche Typen von Exceptions gefangen werden sollen. Diese müssen entweder vom Typ System.Exception oder einer Subklasse davon sein.

Mit dem Fangen von System.Exception fängt man alle möglichen Fehler. Das ist nützlich, wenn:

- Ihr Programm möglicherweise weiterlaufen kann – unabhängig vom speziellen Exception-Typ,
- Sie vorhaben, die Exception weiterzuwerfen (eventuell nach dem Protokollieren),
- Ihre Fehlerbehandlung der letzte Schritt vor dem Abbrechen des Programms ist.

Normalerweise aber fangen Sie *bestimmte Exception-Typen*, um zu vermeiden, sich mit Umständen herumschlagen zu müssen, für die Ihre Fehlerbehandlung nicht ausgelegt ist (zum Beispiel eine OutOfMemoryException).

Sie können mehrere Exception-Typen mit mehreren catch-Klauseln behandeln:

```
try
{
  DoSomething( );
}
catch (IndexOutOfRangeException ex) { ... }
catch (FormatException ex)          { ... }
catch (OverflowException ex)        { ... }
```

Nur eine catch-Klausel wird für eine gegebene Exception ausgeführt. Wenn Sie ein Sicherheitsnetz spannen wollen, in dem Sie auch allgemeinere Exceptions fangen (zum Beispiel System.Exception), müssen Sie die spezifischeren Handler *an den Anfang* stellen.

Eine Exception kann gefangen werden, ohne eine Variable anzugeben, wenn Sie nicht auf ihre Eigenschaften zugreifen müssen:

```
catch (StackOverflowException)   // keine Variable
 { ... }
```

Zudem können Sie sowohl die Variable als auch den Typ weglassen (und damit alle Exceptions fangen):

```
catch { ... }
```

Der finally-Block

Ein `finally`-Block wird immer ausgeführt – egal ob eine Exception geworfen wurde oder nicht und ob der `try`-Block bis zum Ende lief oder nicht. `finally`-Blöcke werden meist genutzt, um dort Code unterzubringen, der dem Aufräumen dienen soll.

Ein `finally`-Block wird ausgeführt:

- nachdem ein `catch`-Block fertig ist,
- nachdem der `try`-Block durch einen Sprungbefehl verlassen wurde (zum Beispiel durch `return` oder `goto`),
- nachdem der `try`-Block beendet ist.

Durch einen `finally`-Block kann ein Programm zuverlässiger werden. Im folgenden Beispiel wird die Datei, die wir geöffnet haben, *immer* geschlossen, egal ob:

- der `try`-Block normal beendet wurde,
- die Ausführung vorzeitig endet, weil die Datei leer ist (`EndOfStream`),
- eine `IOException` beim Lesen der Datei geworfen wird.

```
static void ReadFile( )
{
  StreamReader reader = null;  // In System.IO
  try
  {
    reader = File.OpenText ("file.txt");
    if (reader.EndOfStream) return;
    Console.WriteLine (reader.ReadToEnd( ));
  }
  finally
  {
    if (reader != null) reader.Dispose( );
  }
}
```

In diesem Beispiel haben wir die Datei durch den Aufruf von Dispose für den StreamReader geschlossen. Der Aufruf von Dispose für ein Objekt in einem finally-Block ist eine Standardvorgehensweise im .NET Framework und wird in C# explizit durch die using-Anweisung unterstützt.

Die using-Anweisung

Viele Klassen kapseln nicht verwaltete (unmanaged) Ressourcen, wie zum Beispiel Datei-Handler, Grafik-Handler oder Datenbankverbindungen. Diese Klassen implementieren System.IDisposable, das eine einzige, parameterlose Methode namens Dispose definiert, um diese Ressourcen aufzuräumen. Die Anweisung using stellt eine elegante Syntax für das Instantiieren eines IDisposable-Objekts und das Aufrufen seiner Methode Dispose in einem finally-Block bereit.

Das Folgende:

```
using (StreamReader reader = File.OpenText (
        "file.txt"))
{
  ...
}
```

ist exakt äquivalent zu:

```
StreamReader reader = File.OpenText ("file.txt");
try
{
  ...
}
finally
{
  if (reader != null)
   ((IDisposable)reader).Dispose( );
}
```

Werfen von Exceptions

Exceptions können entweder von der Laufzeitumgebung oder aus dem Anwendungscode heraus geworfen werden. In diesem Beispiel wirft Display eine System.ArgumentNullException:

```
static void Display (string name)
{
  if (name == null)
    throw new ArgumentNullException ("name");

  Console.WriteLine (name);
}

static void Main( )
{
  try { Display (null); }
  catch (ArgumentNullException ex)
  {
    Console.WriteLine ("Exception gefangen");
  }
}
```

Eine Exception weiterwerfen

Sie können eine Exception fangen und sie dann weiterwerfen:

```
try {  ...  }
catch (Exception ex)
{
  // Fehler protokollieren
  ...
  throw;            // gleiche Exception erneut werfen
}
```

Wenn Sie eine Exception auf diesem Weg weiterwerfen, können Sie einen Fehler protokollieren, ohne ihn zu *verschlucken*. Zudem können Sie sich so auch aus dem Verarbeiten einer Exception zurückziehen, wenn die Umstände anders als von Ihnen erwartet sind.

Ein anderes, häufig vorkommendes Szenario ist das Weiterwerfen eines spezielleren Exception-Typs:

```
try
{
  ... // ein Geburtsdatum aus einem XML-Element parsen
}
catch (FormatException ex)
{
  throw new XmlException ("Falsches Geburtsdatum", ex);
}
```

Das Weiterwerfen einer Exception beeinflusst nicht die Eigenschaft `StackTrace` der Exception (siehe nächsten Abschnitt). Wenn Sie eine andere Exception weiterwerfen, können Sie die Eigenschaft `InnerException` auf die ursprüngliche Exception setzen, wenn das beim Debuggen eventuell hilft. So gut wie alle Exception-Typen stellen dafür einen Konstruktor bereit.

Wichtige Eigenschaften von System.Exception

Im Folgenden sind die wichtigsten Eigenschaften von `System.Exception` aufgeführt:

`StackTrace`
: Ein String, der alle Methoden repräsentiert, die aufgerufen sind – vom Ursprung der Exception bis zum `catch`-Block.

`Message`
: Ein String mit einer Beschreibung des Fehlers.

`InnerException`
: Die innere Exception (wenn vorhanden), die die äußere Exception verursacht hat. Diese innere Exception kann wieder eine andere `InnerException` haben.

HINWEIS

Alle Exceptions sind in C# Laufzeit-Exceptions – es gibt kein Äquivalent zu den schon zum Zeitpunkt der Kompilierung geprüften Exceptions in Java.

Die wichtigsten Exception-Typen

Die folgenden Exception-Typen werden von der CLR und dem .NET Framework immer wieder genutzt. Sie können sie selbst werfen oder sie als Basisklassen für das Ableiten eigener Exception-Typen verwenden.

`System.ArgumentException`
: Wird geworfen, wenn eine Funktion mit einem ungültigen Argument aufgerufen wird. Das deutet meist auf einen Programmfehler hin.

`System.ArgumentNullException`
: Wird geworfen, wenn ein Funktionsargument (unerwarteterweise) `null` ist. (Dies ist eine Subklasse von `ArgumentException`.)

`System.ArgumentOutOfRangeException`
: Wird geworfen, wenn ein (meist numerisches) Argument zu groß oder zu klein ist. (Dies ist ebenfalls eine Subklasse von `ArgumentException`.) So wird diese Exception zum Beispiel ausgelöst, wenn man einer Funktion eine negative Zahl übergibt, die nur positive Zahlen akzeptiert.

`System.InvalidOperationException`
: Wird geworfen, wenn der Zustand eines Objekts für das erfolgreiche Ausführen einer Methode unpassend ist, unabhängig von irgendwelchen Argumentwerten. Dies ist zum Beispiel dann der Fall, wenn man aus einer nicht geöffneten Datei lesen will oder das nächste Element eines Enumerators holen will, die zugrunde liegende Liste aber während der Iteration verändert wurde.

`System.NotSupportedException`
: Wird geworfen, um anzuzeigen, dass eine bestimmte Funktion nicht unterstützt wird. Ein gutes Beispiel ist der Aufruf der Methode `Add` für eine Collection, deren Eigenschaft `IsReadOnly` den Wert `true` hat.

`System.NotImplementedException`
: Wird geworfen, um zu zeigen, dass eine Funktion noch nicht implementiert wurde.

`System.ObjectDisposedException`
: Wird geworfen, wenn das Objekt, für das die Funktion aufgerufen wurde, schon »abgelegt« wurde.

Enumeration und Iteratoren

Enumeration

Ein *Enumerator* ist ein Cursor, der sich nur lesend und nur vorwärts über eine *Sequenz von Werten* bewegt. Ein Enumerator ist ein Objekt, das:

- IEnumerator oder IEnumerator<T> implementiert und
- eine Methode namens MoveNext für das Iterieren über die Sequenz und eine Eigenschaft namens Current für das Auslesen des aktuellen Elements der Sequenz bereitstellt.

Die Anweisung foreach iteriert über ein *enumerierbares* Objekt. Ein solches Objekt ist die logische Repräsentation einer Sequenz und ist nicht selbst ein Cursor, aber ein Objekt, das Cursor für sich selbst erzeugt. Ein enumerierbares Objekt:

- implementiert entweder IEnumerable oder IEnumerable<T> und
- hat eine Methode namens GetEnumerator, die einen Enumerator zurückliefert.

HINWEIS

IEnumerator und IEnumerable sind in System.Collections definiert. IEnumerator<T> und IEnumerable<T> sind in System.Collections.Generic definiert.

Das Enumerierungsmuster sieht wie folgt aus:

```
class Enumerator   // Implementiert meist IEnumerator
                   // oder IEnumerator<T>
{
  public IteratorVariableType Current { get {...} }
  public bool MoveNext()              {...}
}

class Enumerable   // Implementiert meist IEnumerable
                   // oder IEnumerable<T>
{
  public Enumerator GetEnumerator() {...}
}
```

So sieht die High-Level-Variante des Iterierens über die Zeichen im Wort »Bier« mithilfe einer foreach-Anweisung aus:

```
foreach (char c in "Bier")
  Console.WriteLine (c);
```

Und so die Low-Level-Variante ohne eine foreach-Anweisung:

```
var enumerator = "Bier".GetEnumerator( );

while (enumerator.MoveNext( ))
{
  var element = enumerator.Current;
  Console.WriteLine (element);
}
```

Die Anweisung foreach dient auch als using-Anweisung, die das Enumerator-Objekt implizit wieder entsorgt.

Iteratoren

Während die foreach-Anweisung ein *Konsument* eines Enumerators ist, ist ein Iterator ein *Produzent* davon. In diesem Beispiel nutzen wir einen Iterator, um eine Folge von Fibonacci-Zahlen zurückzugeben (bei der jede Zahl der Summe ihrer beiden Vorgänger entspricht):

```
using System;
using System.Collections.Generic;

class Test
{
  static void Main( )
  {
    foreach (int fib in Fibs(6))
      Console.Write (fib + "  ");
  }

  static IEnumerable<int> Fibs(int fibCount)
  {
    for (int i = 0, prevFib = 1, curFib = 1;
         i < fibCount;
         i++)
    {
      yield return prevFib;
      int newFib = prevFib+curFib;
      prevFib = curFib;
      curFib = newFib;
    }
  }
}

Ausgabe: 1  1  2  3  5  8
```

Während eine return-Anweisung ausdrückt: »Hier hast du den Wert, den diese Methode zurückgeben soll.«, besagt eine yield return-Anweisung: »Hier ist das nächste Element, das dieser Enumerator erzeugen soll.« Bei jeder yield-Anweisung wird die Kontrolle an den Aufrufenden zurückgegeben, der Zustand des Aufgerufenen bleibt aber bestehen, sodass die Methode an dieser Stelle fortfahren kann, sobald der Aufrufende nach dem nächsten Element fragt. Die Lebenszeit dieses Zustands ist an den Enumerator gebunden, sodass er freigegeben werden kann, wenn der Aufrufende mit dem Enumerieren fertig ist.

WARNUNG

Der Compiler wandelt Iterator-Methoden in private Klassen um, die `IEnumerable<T>` und `IEnumerator<T>` implementieren. Die Logik im Iterator-Block wird »umgekehrt« und auf die Methode `MoveNext` und die Eigenschaft `Current` der vom Compiler erzeugten Enumerator-Klasse verteilt. Das bedeutet, dass Sie beim Aufruf einer Iterator-Methode nur die generierte Klasse instantiieren – Ihr Code wird noch nicht ausgeführt! Das geschieht erst, wenn Sie damit beginnen, über die Ergebnissequenz zu enumerieren, im Allgemeinen mit einer foreach-Anweisung.

Iterator-Semantik

Ein Iterator ist eine Methode, Eigenschaft oder ein Indexer, der eine oder mehrere yield-Anweisungen enthält. Ein Iterator muss eines der folgenden vier Interfaces zurückgeben (ansonsten wird der Compiler einen Fehler melden):

```
// Enumerable Interfaces
System.Collections.IEnumerable
System.Collections.Generic.IEnumerable<T>

// Enumerator Interfaces
System.Collections.IEnumerator
System.Collections.Generic.IEnumerator<T>
```

Iteratoren, die ein *Enumerator*-Interface liefern, werden meist nicht so oft verwendet. Sie sind nützlich, wenn man eine eigene Collection-Klasse schreibt: Im Allgemeinen nennen Sie den Iterator `GetEnumerator` und lassen Ihre Klasse `IEnumerable<T>` implementieren.

Iteratoren, die ein *Enumerable*-Interface liefern, sind verbreiteter – und einfacher zu nutzen, weil Sie keine Collection-Klasse schreiben müssen. Der Compiler erzeugt hinter den Kulissen eine private Klasse, die `IEnumerable<T>` (und `IEnumerator<T>`) implementiert.

Mehrere yield-Anweisungen

Ein Iterator kann mehrere `yield`-Anweisungen haben:

```
static void Main( )
{
  foreach (string s in Foo( ))
    Console.Write (s + " ");    // Eins Zwei Drei
}

static IEnumerable<string> Foo( )
{
  yield return "Eins";
  yield return "Zwei";
  yield return "Drei";
}
```

yield break

Die Anweisung `yield break` legt fest, dass der Iterator-Block vorzeitig verlassen werden soll, ohne mehr Elemente zurückzugeben. Wir können die vorige Methode `Foo` anpassen, um das zu demonstrieren:

```
static IEnumerable<string> Foo(bool breakEarly)
{
  yield return "Eins";
  yield return "Zwei";

  if (breakEarly)
    yield break;

  yield return "Drei";
}
```

WARNUNG

Eine return-Anweisung ist in einem Iterator-Block nicht erlaubt – Sie müssen stattdessen yield break verwenden.

Sequenzen kombinieren

Iteratoren sind sehr gut kombinierbar. Wir können unser Beispiel erweitern und dieses Mal nur gerade Fibonacci-Zahlen ausgeben:

```
using System;
using System.Collections.Generic;

class Test
{
  static void Main( )
  {
    foreach (int fib in EvenNumbersOnly (Fibs (6)))
      Console.WriteLine(fib);
  }

  static IEnumerable<int> Fibs (int fibCount)
  {
    for (int i = 0, prevFib = 1, curFib = 1;
         i < fibCount;
         i++)
    {
      yield return prevFib;
      int newFib = prevFib+curFib;
      prevFib = curFib;
      curFib = newFib;
    }
  }

  static IEnumerable<int> EvenNumbersOnly (
                          IEnumerable<int> sequence)
  {
    foreach(int x in sequence)
      if ((x % 2) == 0)
        yield return x;
  }
}
```

Jedes Element wird erst im letzten Moment berechnet – wenn es von einer `MoveNext()`-Operation angefordert wird. Abbildung 5 zeigt die Datenanforderung und die Datenausgabe über die Zeit.

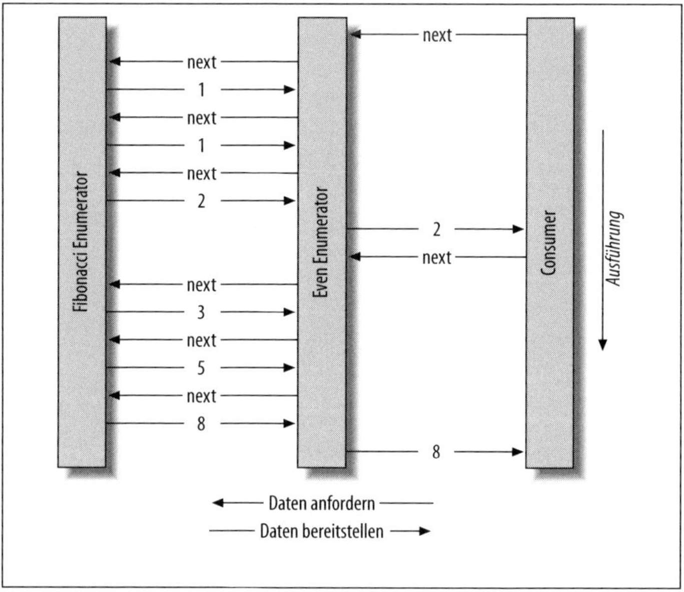

Abbildung 5: Sequenzen kombinieren

Die Kombinierbarkeit des Iterator-Musters ist außerordentlich nützlich beim Erstellen von LINQ-Abfragen.

Nullbare Typen

Null-Grundlagen

Referenz-Typen können einen nicht existierenden Wert durch eine Null-Referenz darstellen. Bei Werte-Typen ist das allerdings normalerweise nicht möglich:

```
string s = null;          // okay, Referenz-Typ
int i = null;             // Kompilierungsfehler, Werte-Typ
                          // kann nicht null sein
```

Um Null (nicht 0) in einem Werte-Typ zu repräsentieren, müssen Sie ein spezielles Konstrukt namens *nullbarer Typ* nutzen. Ein nullbarer Typ wird durch einen Werte-Typ gefolgt von einem Fragezeichen ? kenntlich gemacht:

```
int? i = null;                      // okay, nullbarer Typ
Console.WriteLine (i == null);      // true
```

Die Struct Nullable<T>

T? wird in System.Nullable<T> umgewandelt. Nullable<T> ist ein leichtgewichtiges, unveränderliches Struct, das nur zwei Felder für Value und HasValue besitzt. Leicht gekürzt, ist System.Nullable<T> sehr einfach:

```
public struct Nullable<T> where T : struct
{
  public T Value {get;}
  public bool HasValue {get;}
  public T GetValueOrDefault( );
  public T GetValueOrDefault(T defaultValue);
  ...
}
```

Der Code:

```
int? i = null;
Console.WriteLine (i == null);                // true
```

wird vom Compiler umgewandelt in:

```
Nullable<int> i = new Nullable<int>( );
Console.WriteLine (! i.HasValue);             // true
```

Wenn man versucht, Value auszulesen, wenn HasValue false ist, wird eine InvalidOperationException geworfen. GetValueOrDefault( ) liefert Value zurück, wenn HasValue true ist – ansonsten gibt es new T( ) oder einen angegebenen Standardwert zurück.

Der Standardwert von T? ist null.

Implizite und explizite nullbare Konvertierungen

Die Konvertierung von T nach T? ist implizit, von T? nach T dagegen explizit:

```
int? x = 5;          // implizit
int y = (int)x;      // explizit
```

Der explizite Cast entspricht einem Aufruf der Eigenschaft Value des nullbaren Objekts. Wenn daher HasValue den Wert false hat, wird eine InvalidOperationException geworfen.

Boxing und Unboxing nullbarer Werte

Wenn T? geboxed ist, enthält der boxed Wert auf dem Heap T, nicht T?. Diese Optimierung ist möglich, weil ein boxed Wert ein Referenz-Typ ist, der schon Null darstellen kann.

Übernommene Operatoren

Das Struct Nullable<T> definiert keine Operatoren wie <, > oder sogar ==. Trotzdem lässt sich der folgende Code kompilieren und korrekt ausführen:

```
int? x = 5;
int? y = 10;
bool b = x < y;       // true
```

Das funktioniert, weil der Compiler den Kleiner-als-Operator vom zugrunde liegenden Werte-Typ stiehlt oder »übernimmt«. Semantisch gesehen, wird der vorige Vergleichsausdruck in dies umgewandelt:

```
bool b = (x.HasValue && y.HasValue)
         ? (x.Value < y.Value)
         : false;
```

Anders ausgedrückt: Wenn sowohl x als auch y Werte haben, werden sie über den Kleiner-als-Operator von int verglichen, ansonsten wird false zurückgegeben.

Das Übernehmen von Operatoren bedeutet, dass Sie implizit die Operatoren von T für T? nutzen können. Sie können Operatoren für T? definieren, um ein besonderes Null-Verhalten zu bieten, aber in einem Großteil der Fälle ist es am besten, sich darauf zu verlassen, dass der Compiler automatisch eine systematische nullbare Logik für Sie anwendet. Die Logik des Compilers ist in Abhängigkeit von der Kategorie des Operators unterschiedlich.

Gleichheitsoperatoren (== !=)

Übernommene Gleichheitsoperatoren behandeln Null, wie es Referenz-Typen tun. Das bedeutet, dass zwei Null-Werte gleich sind:

```
Console.Write (       null ==        null);   // true
Console.Write ((bool?)null == (bool?)null);   // true
```

Und es gilt:

- Wenn genau ein Operand null ist, sind die Operanden ungleich.
- Wenn beide Operanden nicht null sind, werden ihre `Values` verglichen.

Relationale Operatoren (< <= >= >)

Die relationalen Operatoren basieren auf dem Prinzip, dass es unsinnig ist, Null-Operanden zu vergleichen. Das bedeutet, dass ein Vergleich eines Null-Werts mit einem anderen Null- oder Nicht-Null-Wert `false` zurückliefert.

```
bool b = x < y;    // umgesetzt:

bool b = (x == null || y == null)
         ? false
         : (x.Value < y.Value);
```

Alle anderen Operatoren (+ - * / % & | ^ << >> + ++ - -- ! ~)

Diese Operatoren liefern null zurück, wenn einer der Operanden null ist. (Dieses Muster sollte SQL-Anwendern vertraut sein.)

```
int? c = x + y;    // umgesetzt:

int? c = (x == null || y == null)
         ? null
         : (int?) (x.Value + y.Value);
```

Mischen von nullbaren und nicht nullbaren Typen

Sie können nullbare und nicht nullbare Typen kombinieren und vergleichen (das funktioniert, weil es eine implizite Konvertierung von T nach T? gibt):

```
int? x = null;
int y = 2;
int? z = x + y;    // entspricht + (int?)y
```

bool?

Wenn Operanden den Typ bool? haben, behandeln die Operatoren & und | null als *unbekannten Wert*. Daher ist null | true true, denn:

- Wenn der unbekannte Wert false wäre, würde das Ergebnis true sein.
- Wenn der unbekannte Wert true wäre, würde das Ergebnis true sein.

Genauso ist null & false false. Dieses Verhalten wird SQL-Anwendern vertraut sein. Das folgende Beispiel zeigt andere Kombinationen:

```
bool? n = null;
bool? f = false;
bool? t = true;
Console.WriteLine (n | n);     // (null)
Console.WriteLine (n | f);     // (null)
Console.WriteLine (n | t);     // true
Console.WriteLine (n & n);     // (null)
Console.WriteLine (n & f);     // false
Console.WriteLine (n & t);     // (null)
```

Null-Verbindungsoperator

Der Operator ?? ist der Null-Verbindungsoperator. Er kann sowohl mit nullbaren als auch mit Referenz-Typen genutzt werden. Er sagt: »Wenn der Operand nicht null ist, gib ihn mir – ansonsten gib mir einen Standardwert.« Ein Beispiel:

```
int? x = null;
int y = x ?? 5;          // y ist 5
```

Der ??-Operator ist äquivalent zum Aufruf von GetValueOrDefault mit einem expliziten Standardwert.

Überladen von Operatoren

Operatoren können überladen werden, um eine natürlichere Syntax für eigene Typen anzubieten. Das Überladen von Operatoren ist dann am sinnvollsten, wenn Sie eigene Structs implementieren, die halbwegs primitive Datentypen repräsentieren. So ist zum Beispiel ein eigener numerischer Typ ein exzellenter Kandidat für das Überladen von Operatoren.

Die symbolischen Operatoren, die sich überladen lassen, sind:

<table>
<tr><td>+ (unär)</td><td>- (unär)</td><td>!</td><td>~</td><td>++</td></tr>
<tr><td>--</td><td>+</td><td>-</td><td>*</td><td>/</td></tr>
<tr><td>%</td><td>&</td><td>|</td><td>^</td><td><<</td></tr>
<tr><td>>></td><td>==</td><td>!=</td><td>></td><td><</td></tr>
<tr><td>>=</td><td><=</td><td></td><td></td><td></td></tr>
</table>

Folgende Operatoren lassen sich ebenfalls überladen:

- Implizite und explizite Konvertierungen (mit den Schlüsselwörtern implicit und explicit).
- Die Literale true und false.

Die folgenden Operatoren werden indirekt überladen:

- Die kombinierten Zuweisungsoperatoren (zum Beispiel +=, /=) werden implizit überschrieben, indem man die »normalen« Operatoren überschreibt (z.B. +, =).
- Die bedingten Operatoren && und || werden implizit durch das Überschreiben der bitweisen Operatoren & und | überschrieben.

Operator-Funktionen

Ein Operator wird durch das Deklarieren einer *Operator-Funktion* überladen. Eine Operator-Funktion hat die folgenden Regeln:

- Der Name der Funktion wird durch das Schlüsselwort `operator`, gefolgt von einem Operator-Symbol, definiert.
- Die Operator-Funktion muss als `static` gekennzeichnet werden.
- Die Parameter der Operator-Funktion stellen die Operanden dar.
- Der Rückgabetyp einer Operator-Funktion steht für das Ergebnis eines Ausdrucks.
- Mindestens einer der Operanden muss den Typ haben, in dem die Operator-Funktion deklariert ist.

Im folgenden Beispiel definieren wir ein Struct namens `Note`, das eine Musiknote repräsentiert, und überladen dann den Operator +:

```
public struct Note
{
  int value;

  public Note (int semitonesFromA)
   { value = semitonesFromA; }

  public static Note operator + (Note x, int semitones)
  {
    return new Note (x.value + semitones);
  }
}
```

Durch dieses Überladen können wir nun ein `int` zu einer `Note` addieren:

```
Note B = new Note(2);
Note CSharp = B + 2;
```

Durch das Überladen eines Zuweisungsoperators wird auch automatisch der entsprechende kombinierte Zuweisungsoperator unterstützt. In unserem Beispiel können wir auch += nutzen, weil wir + überladen haben:

```
CSharp += 2;
```

Überladen von Gleichheits- und Vergleichsoperatoren

Gleichheits- und Vergleichsoperatoren werden manchmal überschrieben, wenn man Structs erstellt – in seltenen Fällen beim Schreiben von Klassen. Es gibt spezielle Regeln und Pflichten beim Überladen der Gleichheits- und Vergleichsoperatoren:

Paare
: Der C#-Compiler erwartet, dass bei Operatoren, die logische Paare bilden, beide definiert sind. Dabei handelt es sich um (== !=), (< >) und (<= >=).

Equals *und* GetHashCode
: Wenn Sie == und != überladen, werden Sie normalerweise auch die Methoden Equals und GetHashCode überschreiben müssen, sodass Collections und Hashtabellen zuverlässig mit dem Typ arbeiten können.

IComparable *und* IComparable<T>
: Wenn Sie (< >) und (<= >=) überladen, werden Sie im Allgemeinen auch IComparable und IComparable<T> implementieren.

Wenn wir das vorige Beispiel erweitern, können wir den Gleichheitsoperator von Note überladen:

```
public static bool operator == (Note n1, Note n2)
{
    return n1.value == n2.value;
}
public static bool operator != (Note n1, Note n2)
{
    return !(n1.value == n2.value);
}
public override bool Equals (object otherNote)
{
    if (!(otherNote is Note)) return false;
    return this == (Note)otherNote;
}
public override int GetHashCode( )
{
    return value.GetHashCode( );    // Hashcode von value
}
```

Eigene implizite und explizite Konvertierungen

Implizite und explizite Konvertierungen sind überladbare Operatoren. Diese Konvertierungen werden normalerweise überladen, um das Umwandeln eng verwandter Typen (wie zum Beispiel numerischer Typen) exakt und natürlich zu ermöglichen.

Um zwischen weniger eng verbundenen Typen zu konvertieren, sind folgende Strategien passender:

- Schreiben Sie einen Konstruktor, der einen Parameter des Typs hat, aus dem konvertiert werden soll.
- Schreiben Sie die Methoden `To`*`XXX`* und `From`*`XXX`*, um zwischen Typen zu konvertieren.

Wie bei den Typen erklärt, ist der Hintergrund bei impliziten Konvertierungen, dass sie garantiert erfolgreich sind und während der Konvertierung keine Information verloren geht. Im Gegensatz dazu sollte eine explizite Konvertierung dann erforderlich sein, wenn entweder zur Laufzeit festgestellt wird, ob die Konvertierung erfolgreich ist, oder wenn Informationen verloren gehen können.

In diesem Beispiel definieren wir Konvertierungen zwischen unserem musikalischen Typ `Note` und einem `double` (der die Frequenz der Note in Hertz repräsentiert):

```
...
// Konvertieren in Hertz
public static implicit operator double (Note x)
{
  return 440 * Math.Pow (2,(double) x.value / 12 );
}

// Konvertieren aus Hertz (in den nächsten Halbton)
public static explicit operator Note (double x)
{
  return new Note ((int) (0.5 + 12 * (Math.Log(x/440)
                 / Math.Log(2)) ));
}
...

Note n =(Note)554.37;  // explizite Konvertierung
double x = n;          // implizite Konvertierung
```

HINWEIS

Würden wir unseren Richtlinien folgen, würde dieses Beispiel besser mit einer Methode `ToFrequency` (und einer statischen Methode `FromFrequency`) und nicht mit expliziten und impliziten Operatoren implementiert werden.

Extension-Methoden

Extension-Methoden ermöglichen es, bestehende Typen durch neue Methoden zu erweitern, ohne die Definition des Ursprungstyps verändern zu müssen. Eine Extension-Methode ist eine statische Methode einer statischen Klasse, bei der der Modifikator `this` dem ersten Parameter mitgegeben wird. Der Typ des ersten Parameters ist dann der zu erweiternde Typ:

```
public static class StringHelper
{
  public static bool IsCapitalized (this string s)
  {
    if (string.IsNullOrEmpty (s)) return false;
    return char.IsUpper (s[0]);
  }
}
```

Die Extension-Methode `IsCapitalized` kann so aufgerufen werden, als würde es sich um eine Instanz-Methode eines Strings handeln:

```
Console.Write ("Perth".IsCapitalized( ));
```

Der Aufruf einer Extension-Methode wird beim Kompilieren in einen normalen statischen Methodenaufruf umgewandelt:

```
Console.Write (StringHelper.IsCapitalized ("Perth"));
```

Interfaces können ebenfalls erweitert werden:

```
public static T First<T> (this IEnumerable<T> sequence)
{
  foreach (T element in sequence)
    return element;
  throw new InvalidOperationException ("Keine Elemente!");
}
...
Console.WriteLine ("Seattle".First( ));   // S
```

Verketten von Extension-Methoden

Extension-Methoden können wie Instanz-Methoden verkettet werden. Schauen Sie sich die folgenden beiden Funktionen an:

```
public static class StringHelper
{
  public static string Pluralize (this string s) {...}
  public static string Capitalize (this string s) {...}
}
```

x und y sind gleich und werden beide zu "Sausages", aber x verwendet Extension-Methoden, während y statische Methoden nutzt:

```
string x = "sausage".Pluralize( ).Capitalize( );

string y = StringHelper.Capitalize
           (StringHelper.Pluralize ("sausage"));
```

Mehrdeutigkeit und Auflösung

Namensräume

Eine Extension-Methode kann nicht angesprochen werden, wenn der Namensraum nicht im Geltungsbereich liegt (normalerweise wird er dafür durch eine using-Anweisung importiert).

Extension-Methoden versus Instanz-Methoden

Eine kompatible Instanz-Methode wird immer Vorrang vor einer Extension-Methode haben. Im folgenden Beispiel wird die Methode Foo von Test immer »gewinnen« – selbst wenn sie mit einem Argument x vom Typ int aufgerufen wird:

```
class Test
{
  public void Foo (object x) { }    // Diese Methode
}                                   // gewinnt immer!

static class Extensions
{
  public static void Foo (this Test t, int x) { }
}
```

Die einzige Möglichkeit, in diesem Fall die Extension-Methode aufzurufen, ist die normale statische Syntax, also `Extensions.Foo(...)`.

Extension-Methoden versus Extension-Methoden

Wenn zwei Extension-Methoden die gleiche Signatur haben, muss die Extension-Methode als normale statische Methode aufgerufen werden, um eindeutig klarzustellen, welche Methode aufgerufen werden soll. Wenn eine Extension-Methode allerdings spezifischere (»passendere«) Argumente hat, bekommt diese den Vorzug.

Schauen Sie sich dazu die folgenden beiden Klassen an:

```
static class StringHelper
{
  public static bool IsCapitalized (this string s) {...}
}
static class ObjectHelper
{
  public static bool IsCapitalized (this object s) {...}
}
```

Dieser Code ruft die Methode `IsCapitalized` von `StringHelper` auf:

```
bool test1 = "Perth".IsCapitalized( );
```

Um die Methode `IsCapitalized` von `ObjectHelper` aufzurufen, müssen wir sie explizit angeben:

```
bool test2 = (ObjectHelper.IsCapitalized ("Perth"));
```

Anonyme Typen

Ein anonymer Typ ist eine einfache Klasse, die bei Bedarf erzeugt wird, um ein paar Werte zu speichern. Um einen anonymen Typ zu erzeugen, verwenden Sie das Schlüsselwort `new`, gefolgt von einem Objekt-Initialisierer, in dem Sie die Eigenschaften und Werte angeben, den der Typ enthalten wird. Ein Beispiel:

```
var dude = new { Name = "Bob", Age = 1 };
```

Der Compiler löst dies auf, indem er einen privaten, eingebetteten Typ erstellt, der nur lesbare Eigenschaften für `Name` (Typ `string`) und `Age` (Typ `int`) besitzt. Sie müssen das Schlüsselwort `var` verwenden, um sich auf einen anonymen Typ zu beziehen, da der Name des Typs vom Compiler erzeugt wird.

Der Eigenschaftsname eines anonymen Typs kann aus einem Ausdruck ermittelt werden, der selbst ein Bezeichner ist:

```
int Age = 1;
var dude = new { Name = "Bob", Age };
```

Dies ist äquivalent zu:

```
var dude = new { Name = "Bob", Age = Age };
```

Anonyme Typen werden vor allem beim Schreiben von LINQ-Abfragen genutzt.

LINQ

LINQ ermöglicht es Ihnen, strukturierte, typsichere Abfragen für lokale Objekt-Collections und Datenquellen auf anderen Rechnern zu schreiben. LINQ ist ein Feature, das in C# 3.0 und .NET Framework 3.5 eingeführt wurde.

LINQ lässt Sie beliebige Collections durchsuchen, die `IEnumerable<>` implementieren – sei es ein Array, eine List, ein XML-DOM oder entfernte Datenquellen (wie eine Tabelle im SQL Server). LINQ kombiniert die Vorteile einer Typ-Prüfung beim Kompilieren und der dynamischen Abfrageerzeugung.

HINWEIS

Eine gute Möglichkeit, mit LINQ zu experimentieren, ist das Herunterladen von LINQPad unter *www.linqpad.net*. LINQPad ermöglicht es Ihnen, interaktiv lokale Collections und SQL-Datenbanken in LINQ ohne ein weiteres Setup abzufragen.

Grundlagen von LINQ

Die grundlegenden Dateneinheiten in LINQ sind *Sequenzen* und *Elemente*. Eine Sequenz ist ein beliebiges Objekt, das das generische Interface `IEnumerable` implementiert, ein Element ist jedes Teil in der Sequenz. Im folgenden Beispiel ist `names` eine Sequenz, und `Tom`, `Dick` und `Harry` sind Elemente:

```
string[] names = { "Tom", "Dick", "Harry" };
```

Eine Sequenz wie diese bezeichnen wir als *lokale Sequenz*, da sie eine lokale Collection mit Objekten im Speicher repräsentiert.

Ein *Abfrageoperator* ist eine Methode, die eine Sequenz transformiert. Ein typischer Abfrageoperator erwartet eine *Eingabesequenz* und gibt eine transformierte *Ausgabesequenz* zurück. In der Klasse `Enumerable` in `System.Linq` gibt es etwa 40 Abfrageoperatoren, die alle als statische Extension-Methoden implementiert sind. Diese werden die Standard-Abfrageoperatoren genannt.

HINWEIS

LINQ unterstützt auch Sequenzen, die dynamisch aus einer Remote-Datenquelle gefüllt werden können, wie zum Beispiel vom SQL Server. Diese Sequenzen implementieren zusätzlich das Interface `IQueryable<>` und erhalten Hilfe durch passende Standard-Abfrageoperatoren in der Klasse `Queryable`.

Eine einfache Abfrage

Eine Abfrage ist ein Ausdruck, der Sequenzen mit einem oder mehreren Abfrageoperatoren transformiert. Die einfachste Abfrage besteht aus einer Eingabesequenz und einem Operator. So können wir zum Beispiel den Operator `Where` auf ein einfaches Array anwenden, um die Elemente zu extrahieren, die mindestens vier Zeichen lang sind:

```
string[] names = { "Tom", "Dick", "Harry" };

IEnumerable<string> filteredNames =
  System.Linq.Enumerable.Where (
    names, n => n.Length >= 4);

foreach (string n in filteredNames)
  Console.Write (n + "|");           // Dick|Harry|
```

Da die Standard-Abfrageoperatoren als Extension-Methoden implementiert sind, können wir Where direkt auf names aufrufen – so als wäre es eine Instanz-Methode:

```
IEnumerable<string> filteredNames =
  names.Where (n => n.Length >= 4);
```

(Damit sich dieser Code kompilieren lässt, müssen Sie den Namensraum System.Linq mit einer using-Direktive importieren.) Die Methode Where in System.Linq.Enumerable hat die folgende Signatur:

```
static IEnumerable<TSource> Where<TSource> (
  this IEnumerable<TSource> source,
  Func<TSource,bool> predicate)
```

source ist die *Eingabesequenz*; predicate ist ein Delegate, das für jedes Eingabeelement aufgerufen wird. Die Methode Where nimmt alle Elemente mit in die *Ausgabesequenz* auf, für die das Delegate true zurückliefert. Intern wird sie durch einen Iterator implementiert – so sieht der Quellcode aus:

```
foreach (TSource element in source)
  if (predicate (element))
    yield return element;
```

Projizieren

Ein weiterer grundlegender Abfrageoperator ist die Methode Select. Diese transformiert (*projiziert*) jedes Element in der Eingabesequenz mit einem angegebenen Lambda-Ausdruck:

```
string[] names = { "Tom", "Dick", "Harry" };

IEnumerable<string> upperNames =
  names.Select (n => n.ToUpper( ));

foreach (string n in upperNames)
  Console.Write (n + "|");        // TOM|DICK|HARRY|
```

Eine Abfrage kann in einen anonymen Typ projizieren:

```
var query = names.Select (n => new {
                                     Name = n,
                                     Length = n.Length
                                   });
```

```
foreach (var row in query)
  Console.WriteLine (row);
```

Das Ergebnis sieht so aus:

```
{ Name = Tom, Length = 3 }
{ Name = Dick, Length = 4 }
{ Name = Harry, Length = 5 }
```

Take und Skip

Die ursprüngliche Reihenfolge der Elemente in einer Eingabesequenz ist für LINQ von Bedeutung. Manche Abfrageoperatoren verlassen sich auf dieses Verhalten, wie zum Beispiel Take, Skip und Reverse. Der Operator Take gibt die ersten x Elemente aus und verwirft den Rest:

```
int[] numbers  = { 10, 9, 8, 7, 6 };
IEnumerable<int> firstThree = numbers.Take (3);
// firstThree ist { 10, 9, 8 }
```

Der Operator Skip ignoriert die ersten x Elemente und gibt den Rest aus:

```
IEnumerable<int> lastTwo = numbers.Skip (3);
// lastTwo ist { 7, 6 }
```

Element-Operatoren

Nicht alle Abfrageoperatoren liefern eine Sequenz zurück. Die *Element*-Operatoren extrahieren genau ein Element aus der Eingabesequenz – so zum Beispiel First, Last, Single und ElementAt:

```
int[] numbers      = { 10, 9, 8, 7, 6 };
int firstNumber    = numbers.First( );          // 10
int lastNumber     = numbers.Last( );           // 6
int secondNumber = numbers.ElementAt (2);     // 8

int firstOddNumber = numbers.First (n => n % 2 == 1);
// 9
```

Alle diese Operatoren werfen eine Exception, wenn keine Elemente vorhanden sind. Um statt einer Exception Null beziehungsweise einen leeren Rückgabewert zu erhalten, müssen Sie FirstOrDefault, LastOrDefault, SingleOrDefault oder ElementAtOrDefault nutzen.

Die Methoden Single und SingleOrDefault entsprechen First und FirstOrDefault, nur dass sie eine Exception werfen, wenn es mehr als einen Eintrag gibt. Dieses Verhalten ist in Abfragen mit LINQ to SQL nützlich, wenn man eine Zeile über einen Primärschlüssel erhalten will.

Aggregationsoperatoren

Die *Aggregationsoperatoren* liefern einen skalaren Wert zurück, im Allgemeinen einen numerischen. Die am häufigsten genutzten Aggregationsoperatoren sind Count, Min, Max und Average:

```
int[] numbers = { 10, 9, 8, 7, 6 };
int count     = numbers.Count( );           // 5
int min       = numbers.Min( );             // 6
int max       = numbers.Max( );             // 10
double avg    = numbers.Average( );         // 8
```

Count kann ein optimales Prädikat übergeben werden, mit dem bestimmt wird, welche Elemente zu zählen sind. Mit der folgenden Zeile werden alle geraden Zahlen gezählt:

```
int evenNums = numbers.Count (n => n % 2 == 0);   // 3
```

Den Operatoren Min, Max und Average kann ein optionales Argument übergeben werden, das jedes Element transformiert, bevor es aggregiert wird:

```
int maxRemainderAfterDivBy5 = numbers.Max (n % 5);  // 4
```

Mit diesem Code wird der quadratische Mittelwert von numbers berechnet:

```
double rms = Math.Sqrt (numbers.Average (n => n * n));
```

Quantifikatoren

Die *Quantifikatoren* liefern einen bool-Wert zurück. Die Quantifikatoren sind Contains, Any, All und SequenceEquals (das zwei Sequenzen vergleicht):

```
int[] numbers = { 10, 9, 8, 7, 6 };

bool hasTheNumberNine = numbers.Contains (9);    // true
bool hasMoreThanZeroElements = numbers.Any( );   // true
```

```
bool hasOddNum = numbers.Any (n => n % 2 == 1);  // true
bool allOddNums = numbers.All (n => n % 2 == 1); // false
```

Set-Operatoren

Die *Set*-Operatoren erwarten zwei Eingabesequenzen vom gleichen Typ. `Concat` hängt eine Sequenz an die andere an. `Union` tut das Gleiche, entfernt aber Duplikate:

```
int[] seq1 = { 1, 2, 3 }, seq2 = { 3, 4, 5 };

IEnumerable<int>
  concat = seq1.Concat (seq2),    // { 1, 2, 3, 3, 4, 5 }
  union  = seq1.Union  (seq2),    // { 1, 2, 3, 4, 5 }
```

Die anderen beiden Operatoren in dieser Kategorie sind `Intersect` und `Except`:

```
IEnumerable<int>
  commonality = seq1.Intersect (seq2),    //  { 3 }
  difference1 = seq1.Except    (seq2),    //  { 1, 2 }
  difference2 = seq2.Except    (seq1);    //  { 4, 5 }
```

Verzögerte Ausführung

Ein wichtiges Feature vieler Abfrageoperatoren ist, dass sie nicht beim Erstellen, sondern erst beim *Enumerieren* ausgeführt werden (also dann, wenn `MoveNext` für den Enumerator aufgerufen wird). Schauen Sie sich die folgende Abfrage an:

```
var numbers = new List<int> { 1 };
numbers.Add (1);

IEnumerable<int> query = numbers.Select (n => n * 10);
numbers.Add (2);    // Ein zusätzliches
                    // Element einschmuggeln

foreach (int n in query)
  Console.Write (n + "|");             // 10|20|
```

Die zusätzliche Zahl wurde erst *nach* dem Erstellen der Abfrage in die Liste eingeschmuggelt, sie ist aber trotzdem im Ergebnis enthalten, weil das Filtern oder Sortieren erst bei der `foreach`-Anweisung durchgeführt wird. Das wird als *verzögerte* Auswertung bezeichnet.

Die verzögerte Ausführung entkoppelt das *Erstellen* der Abfrage von ihrer *Ausführung* und ermöglicht Ihnen damit, eine Abfrage in mehreren Schritten aufzubauen und LINQ to SQL-Abfragen zu erzeugen. Alle Standard-Abfrageoperatoren arbeiten mit der verzögerten Ausführung, jedoch mit folgenden Ausnahmen:

- Operatoren, die ein einzelnes Element oder einen skalaren Wert zurückgeben (die *Element-Operatoren*, *Aggregationsoperatoren* und *Quantifikatoren*)
- die folgenden *Konvertierungsoperatoren*:

  `ToArray, ToList, ToDictionary, ToLookup`

Die Konvertierungsoperatoren sind manchmal gerade deshalb nützlich, weil sie eine sofortige Auswertung anstoßen. Das kann in folgenden Situationen helfen:

- Sie wollen das Ergebnis zu einem bestimmten Zeitpunkt »einfrieren« oder cachen.
- Sie wollen eine erneute Ausführung einer rechenintensiven Abfrage vermeiden oder eine Abfrage an eine Remote-Datenquelle nur einmal durchführen, wie zum Beispiel bei einer LINQ to SQL-Tabelle. (Ein Nebeneffekt der verzögerten Ausführung ist, dass die Abfrage bei einer späteren erneuten Enumerierung neu ausgewertet wird.)

Das folgende Beispiel zeigt die Verwendung des Operators `ToList`:

```
var numbers = new List<int>() { 1, 2 };

List<int> timesTen = numbers
  .Select (n => n * 10)
  .ToList();    // Wird direkt in eine List<int> ausgeführt

numbers.Clear();
Console.WriteLine (timesTen.Count);      // immer noch 2
```

WARNUNG

Unterabfragen ermöglichen eine andere Ebene der Indirektion. Alle Teile einer Unterabfrage werden verzögert ausgeführt, einschließlich der Aggregations- und Konvertierungsmethoden, weil die Unterabfrage selbst erst bei Bedarf ausgeführt wird. Ist names ein String-Array, sieht eine Unterabfrage so aus:

```
names.Where (
  n => n.Length ==
    names.Min (n2 => n2.Length)
  )
```

Standard-Abfrageoperatoren

Die Standard-Abfrageoperatoren (implementiert in der Klasse System.Linq.Enumerable) können in zwölf Kategorien unterteilt werden, die Sie in Tabelle 2 finden.

Tabelle 2: Abfrageoperator-Kategorien

Kategorie	Beschreibung	Verzögerte Ausführung?
Filtern	Liefert eine Untermenge der Elemente zurück, die eine bestimmte Bedingung erfüllen.	ja
Projektion	Transformiert jedes Element mithilfe einer Lambda-Funktion, wobei Untersequenzen optional expandiert werden.	ja
Verknüpfung	Verbindet Elemente einer Collection mit einer anderen, wobei eine zeitsparende Lookup-Strategie gewählt wird.	ja
Ordnen	Liefert eine umgeordnete Sequenz zurück.	ja
Gruppieren	Gruppiert eine Sequenz in Untersequenzen.	ja
Set	Akzeptiert zwei Sequenzen gleichen Typs und liefert ihre Gemeinsamkeiten, Summe oder Differenz zurück.	ja
Element	Wählt ein einzelnes Element aus einer Sequenz.	nein
Aggregation	Führt eine Berechnung für eine Sequenz durch und liefert einen skalaren Wert zurück (normalerweise eine Zahl).	nein
Quantifikatoren	Führt eine Berechnung für eine Sequenz durch und liefert `true` oder `false` zurück.	nein
Konvertierung: Import	Wandelt eine nicht generische Sequenz in eine (abfragbare) generische Sequenz um.	ja

Tabelle 2: Abfrageoperator-Kategorien (Fortsetzung)

Kategorie	Beschreibung	Verzögerte Ausführung?
Konvertierung: Export	Wandelt eine Sequenz in ein Array, eine List, ein Dictionary oder Lookup um, wobei sofort ausgewertet wird.	nein
Generieren	Erstellt eine einfache Sequenz.	ja

In den Tabellen 3 bis 14 sind alle Abfrageoperatoren zusammengefasst.

Tabelle 3: Filteroperatoren

Methode	Beschreibung
`Where`	Liefert eine Untermenge mit Elementen zurück, die eine bestimmte Bedingung erfüllen.
`Take`	Liefert die ersten x Elemente zurück und verwirft den Rest.
`Skip`	Ignoriert die ersten x Elemente und liefert den Rest zurück.
`TakeWhile`	Gibt Elemente aus der Eingabesequenz zurück, bis das angegebene Prädikat true ist.
`SkipWhile`	Ignoriert Elemente aus der Eingabesequenz, bis das angegebene Prädikat true ist, und gibt dann den Rest zurück.
`Distinct`	Liefert eine Collection ohne Duplikate zurück.

Tabelle 4: Projektionsoperatoren

Methode	Beschreibung
`Select`	Transformiert jedes Eingabeelement mit einem angegebenen Lambda-Ausdruck.
`SelectMany`	Transformiert jedes Eingabeelement, dann werden die Ergebnis-Untersequenzen flachgeklopft und aneinandergehängt.

Tabelle 5: Verknüpfungsoperatoren

Methode	Beschreibung
`Join`	Wendet eine Lookup-Strategie an, um Elemente aus zwei Collections zu verbinden und ein flaches Ergebnis-Set zurückzugeben.

Tabelle 5: Verknüpfungsoperatoren (Fortsetzung)

Methode	Beschreibung
`GroupJoin`	Wie oben, aber es wird ein *hierarchisches* Ergebnis-Set zurückgegeben.

Tabelle 6: Ordnungsoperatoren

Methode	Beschreibung
`OrderBy, ThenBy`	Gibt die Elemente in aufsteigender Reihenfolge sortiert zurück.
`OrderByDescending, ThenByDescending`	Gibt die Elemente in absteigender Reihenfolge sortiert zurück.
`Reverse`	Liefert die Elemente in umgekehrter Reihenfolge zurück.

Tabelle 7: Gruppierungsoperatoren

Methode	Beschreibung
`GroupBy`	Gruppiert eine Sequenz in Untersequenzen.

Tabelle 8: Set-Operatoren

Methode	Beschreibung
`Concat`	Verbindet zwei Sequenzen.
`Union`	Verbindet zwei Sequenzen und entfernt doppelte Einträge.
`Intersect`	Liefert die Elemente zurück, die in beiden Sequenzen vorhanden sind.
`Except`	Liefert Elemente zurück, die in der ersten, aber nicht in der zweiten Sequenz vorhanden sind.

Tabelle 9: Element-Operatoren

Methode	Beschreibung
`First, FirstOrDefault`	Liefert das erste Element in der Sequenz beziehungsweise das erste Element zurück, das eine angegebene Bedingung erfüllt.
`Last, LastOrDefault`	Liefert das letzte Element in der Sequenz beziehungsweise das letzte Element zurück, das eine angegebene Bedingung erfüllt.
`Single, SingleOrDefault`	Entspricht `First`/`FirstOrDefault`, wirft aber eine Exception, wenn es mehr als einen Treffer gibt.

Tabelle 9: Element-Operatoren (Fortsetzung)

Methode	Beschreibung
`ElementAt`, `ElementAtOrDefault`	Liefert das Element an der angegebenen Position zurück.
`DefaultIfEmpty`	Liefert null oder `default(TSource)` zurück, wenn die Sequenz keine Elemente hat.

Tabelle 10: Aggregationsoperatoren

Methode	Beschreibung
`Count`, `LongCount`	Liefert die Anzahl an Elementen in der Eingabesequenz zurück oder die Anzahl an Elementen, die ein Prädikat erfüllen.
`Min`, `Max`	Liefert das kleinste oder größte Element in der Sequenz zurück.
`Sum`, `Average`	Berechnet die Summe oder den Mittelwert von Elementen in der Sequenz.
`Aggregate`	Führt eine benutzerdefinierte Aggregation durch.

Tabelle 11: Quantifikatoren

Methode	Beschreibung
`Contains`	Liefert `true` zurück, wenn die Sequenz das angegebene Element enthält.
`Any`	Liefert `true` zurück, wenn mindestens ein Element das angegebene Prädikat erfüllt.
`All`	Liefert `true` zurück, wenn alle Elemente das angegebene Prädikat erfüllen.
`SequenceEqual`	Liefert `true` zurück, wenn die zweite Sequenz die gleichen Elemente enthält wie die Eingabesequenz.

Tabelle 12: Konvertierungsoperatoren (Import)

Methode	Beschreibung
`OfType`	Konvertiert `IEnumerable` nach `IEnumerable<T>` und verwirft falsch typisierte Elemente.
`Cast`	Konvertiert `IEnumerable` nach `IEnumerable<T>` und wirft eine Exception, wenn es ein falsch typisiertes Element gibt.

Tabelle 13: Tabellen-Konvertierungsoperatoren (Export)

Methode	Beschreibung
`ToArray`	Konvertiert `IEnumerable<T>` nach `T[]`.
`ToList`	Konvertiert `IEnumerable<T>` nach `List<T>`.
`ToDictionary`	Konvertiert `IEnumerable<T>` nach `Dictionary<TKey,TValue>`.
`ToLookup`	Konvertiert `IEnumerable<T>` nach `ILookup<TKey,TElement>`.
`AsEnumerable`	Downcastet nach `IEnumerable<T>`.
`AsQueryable`	Castet oder konvertiert nach `IQueryable<T>`.

Tabelle 14: Generierungsoperatoren

Methode	Beschreibung
`Empty`	Erzeugt eine leere Sequenz.
`Repeat`	Erstellt eine Sequenz mit sich wiederholenden Elementen.
`Range`	Erstellt eine Sequenz mit Integer-Zahlen.

Abfrageoperatoren verketten

Um komplexere Abfragen zu erstellen, verketten Sie Abfrageoperatoren. So extrahiert zum Beispiel die folgende Abfrage alle Strings, die den Buchstaben *a* enthalten, sortiert sie nach der Länge und wandelt dann die Ergebnisse in Großbuchstaben um:

```
string[] names = { "Tom","Dick","Harry","Mary","Jay" };

IEnumerable<string> query = names
  .Where   (n => n.Contains ("a"))
  .OrderBy (n => n.Length)
  .Select  (n => n.ToUpper( ));

foreach (string name in query)
  Console.Write (name + "|");

// Ergebnis: JAY|MARY|HARRY|
```

`Where`, `OrderBy` und `Select` sind Standard-Abfrageoperatoren, die in Extension-Methoden der Klasse `Enumerable` aufgelöst werden. Der

Operator `Where` liefert eine gefilterte Version der Eingabesequenz; `OrderBy` gibt eine sortierte Version seiner Eingabesequenz aus; `Select` liefert eine Sequenz, in der jedes Eingabeelement mit einem angegebenen Lambda-Ausdruck (in diesem Fall `n.ToUpper( )`) transformiert oder projiziert wird. Die Daten fließen von links nach rechts durch die Kette der Operatoren, sodass die Daten erst gefiltert, dann sortiert und dann projiziert werden. Das Endergebnis sieht aus wie eine Kette von Förderbändern (siehe Abbildung 6).

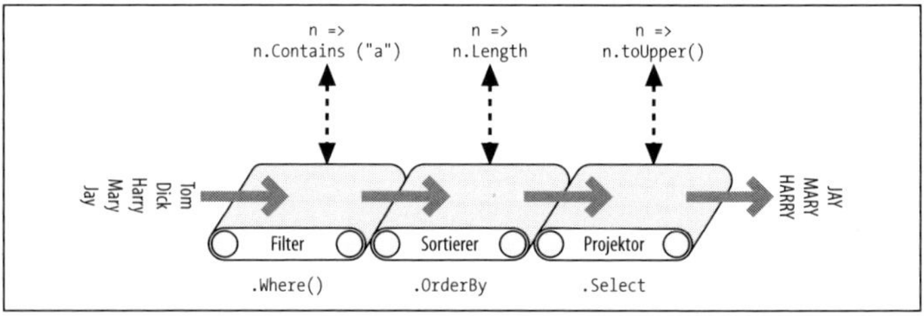

Abbildung 6: Verketten von Abfrageoperatoren

Die verzögerte Ausführung wird von allen Operatoren unterstützt, daher wird nichts gefiltert, sortiert oder projiziert, bevor die Abfrage tatsächlich enumeriert wird.

Query-Syntax

Seit C# 3.0 gibt es eine besondere Sprachunterstützung für das Schreiben von Abfragen, die als *Query Comprehension Syntax* oder *Query Syntax* bezeichnet wird. Die vorige Abfrage sieht in Query-Syntax so aus:

```
using System.Linq;
...

string[] names = { "Tom","Dick","Harry","Mary","Jay" };

IEnumerable<string> query =
  from n in names
  where n.Contains ("a")
  orderby n.Length
  select n.ToUpper( );
```

Eine Comprehension Query beginnt immer mit einer `from`-Klausel und endet entweder mit einer `select`- oder einer `group`-Klausel. Die `from`-Klausel deklariert eine *Iterationsvariable* (in diesem Fall `n`), die die Eingabe-Collection traversiert – wie bei `foreach`. Abbildung 7 zeigt die vollständige Syntax.

HINWEIS

Wenn Sie mit SQL vertraut sind, wird Ihnen die Query-Syntax von LINQ – mit der `from`-Klausel an erster und der `select`-Klausel an letzter Stelle – bizarr vorkommen. Die Query-Syntax ist allerdings tatsächlich logischer, da die Klauseln *in der Reihenfolge erscheinen, in der sie ausgeführt werden*. Damit kann Visual Studio Ihnen beim Tippen sinnvolle IntelliSense-Hinweise geben und auch die Scoping-Regeln für Unterabfragen vereinfachen.

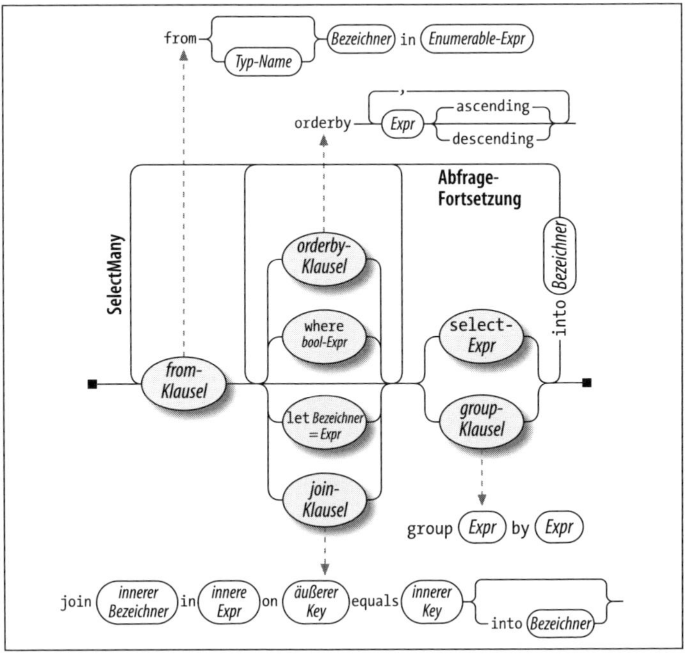

Abbildung 7: Query Comprehension Syntax

Der Compiler verarbeitet Comprehension Queries, indem er sie in Lambda-Syntax umsetzt. Das geschieht auf ziemlich mechanische Art und Weise – so wie er foreach-Anweisungen in Aufrufe von GetEnumerator und MoveNext umsetzt:

```
IEnumerable<string> query = names
  .Where   (n => n.Contains ("a"))
  .OrderBy (n => n.Length)
  .Select  (n => n.ToUpper( ));.
```

Die Operatoren Where, OrderBy und Select werden dann nach denselben Regeln aufgelöst, die gelten würden, wenn die Abfrage in Lambda-Syntax geschrieben wäre. In diesem Fall binden sie an Extension-Methoden der Klasse Enumerable (vorausgesetzt, Sie haben den Namensraum System.Linq importiert), da names das Interface IEnumerable<string> implementiert. Der Compiler bevorzugt aber nicht unbedingt beim »Übersetzen« der Query-Syntax die Klasse Enumerable. Sie können es sich so vorstellen, dass der Compiler ganz mechanisch die Wörter »Where«, »OrderBy« und »Select« in die Anweisung einfügt und das Ganze dann so kompiliert, als hätten Sie die Methodennamen selbst eingetippt. Damit bleibt die Flexibilität beim Auflösen bestehen – die Operatoren in LINQ to SQL-Abfragen zum Beispiel binden stattdessen an die Extension-Methoden der Klasse Queryable.

Query-Syntax versus Lambda-Syntax

Sowohl Query-Syntax als auch Lambda-Syntax haben ihre Vorteile.

Die Query-Syntax unterstützt nur eine kleine Untermenge der Abfrageoperatoren, nämlich:

```
Where, Select, SelectMany
OrderBy, ThenBy, OrderByDescending, ThenByDescending
Group, Join, GroupJoin
```

Bei Abfragen, die andere Operatoren nutzen, müssen Sie sie entweder komplett in Lambda-Syntax schreiben oder eine Abfrage mit gemischter Syntax erstellen, zum Beispiel:

```
string[] names = { "Tom","Dick","Harry","Mary","Jay" };

IEnumerable<string> query =
```

```
from   n in names
where  n.Length == names.Min (n2 => n2.Length)
select n;
```

Diese Abfrage liefert Namen zurück, deren Länge der der kürzesten Namen entspricht (»Tom« und »Jay«). Die Unterabfrage (in Fettdruck) ermittelt die minimale Länge jedes Namens und ergibt 3. Wir müssen für die Unterabfrage Lambda-Syntax nutzen, weil der Operator `Min` in der Query-Syntax nicht unterstützt wird. Wir können aber immer noch für die äußere Abfrage die Query-Syntax verwenden.

Der Hauptvorteil der Query-Syntax ist, dass sie Abfragen radikal vereinfachen kann, die folgende Elemente enthalten:

- Eine `let`-Klausel, mit der neben der Iterationsvariablen eine neue Variable eingeführt wird.
- Mehrere Generatoren (`SelectMany`), gefolgt von einer äußeren Iterationsvariablen-Referenz.
- Ein `Join`- oder `GroupJoin`-Äquivalent, gefolgt von einer äußeren Iterationsvariablen-Referenz.

Das Schlüsselwort let

Das Schlüsselwort `let` führt neben der Iterationsvariablen eine neue Variable ein. Stellen Sie sich zum Beispiel vor, dass wir alle Namen ausgeben wollen, deren Länge ohne Vokale größer als zwei Zeichen ist:

```
string[] names = { "Tom","Dick","Harry","Mary","Jay" };

IEnumerable<string> query =
  from n in names
  let vowelless = Regex.Replace (n, "[aeiou]", "")
  where vowelless.Length > 2
  orderby vowelless
  select n + " - " + vowelless;
```

Die Ausgabe beim Enumerieren dieser Abfrage ist:

```
Dick - Dck
Harry - Hrry
Mary - Mry
```

Die let-Klausel führt für jedes Element eine Berechnung durch, ohne das ursprüngliche Element zu verlieren. In unserer Abfrage haben die folgenden Klauseln (where, orderby und select) Zugriff sowohl auf n als auch auf vowelless. Abfragen können mehrere let-Klauseln nutzen und diese bei zusätzlichen where- und join-Klauseln einstreuen.

Der Compiler übersetzt das Schlüsselwort let, indem er in einen temporären, anonymen Typ projiziert, der das ursprüngliche und das transformierte Element enthält:

```
IEnumerable<string> query = names
 .Select (n =>  new
   {
     n = n,
     vowelless = Regex.Replace (n, "[aeiou]", "")
   }
 )
 .Where (temp0 => (temp0.vowelless.Length > 2))
 .OrderBy (temp0 => temp0.vowelless)
 .Select (temp0 => ((temp0.n + " - ") + temp0.vowelless))
```

Abfragefortsetzungen

Wenn Sie *nach* einer select- oder group-Klausel noch Klauseln anhängen wollen, müssen Sie das Schlüsselwort into nutzen, um die Abfrage »fortzusetzen«. Ein Beispiel:

```
from c in "The quick brown tiger".Split()
select c.ToUpper()
into upper
where upper.StartsWith ("T")
select upper

// Ergebnis: "THE", "TIGER"
```

Nach einer into-Klausel ist die vorige Iterationsvariable nicht mehr im Scope.

Der Compiler übersetzt Abfragen mit einem into-Schlüsselwort einfach in eine längere Kette von Lambda-Operatoren:

```
"The quick brown tiger".Split( )
  .Select (c => c.ToUpper( ))
  .Where (upper => upper.StartsWith ("T"))
```

(Er lässt das letzte `Select(upper=>upper)` weg, da es redundant ist.)

Mehrere Generatoren

Eine Abfrage kann mehrere Generatoren (`from`-Klauseln) enthalten:

```
int[] numbers = { 1, 2, 3 };
string[] letters = { "a", "b" };

IEnumerable<string> query = from n in numbers
                            from l in letters
                            select n.ToString( ) + l;
```

Das Ergebnis ist ein Kreuzprodukt, so wie Sie es bei verschachtelten `foreach`-Schleifen erhalten würden:

```
"1a", "1b", "2a", "2b", "3a", "3b"
```

Wenn es in einer Abfrage mehr als eine `from`-Klausel gibt, erzeugt der Compiler einen Aufruf von `SelectMany`:

```
IEnumerable<string> query = numbers.SelectMany (
  n => letters,
  (n, l) => (n.ToString( ) + l));
```

`SelectMany` führt verschachtelte Schleifendurchläufe aus. Es enumeriert jedes Element in der Quell-Collection (`numbers`) und wandelt jedes Element mit dem ersten Lambda-Ausdruck um (`letters`). Damit wird eine Sequenz aus *Subsequenzen* erzeugt, die dann enumeriert werden. Die endgültigen Ausgabeelemente werden durch den zweiten Lambda-Ausdruck bestimmt (`n.ToString( )+l`).

Wenn Sie anschließend eine `where`-Klausel anwenden, können Sie das Kreuzprodukt filtern und ein Ergebnis ähnlich einem *Join* projizieren:

```
string[] players = { "Tom", "Jay", "Mary" };

IEnumerable<string> query =
  from name1 in players
  from name2 in players
```

```
  where name1.CompareTo (name2) < 0
  orderby name1, name2
  select name1 + " vs. " + name2;

Ergebnis: { "Jay vs. Mary", "Jay vs. Tom", "Mary vs. Tom" }
```

Das Übersetzen dieser Abfrage in die Lambda-Syntax ist natürlich deutlich komplexer, da eine temporäre anonyme Projektion erforderlich ist. Die Möglichkeit, diese Übersetzung automatisch durchführen zu lassen, ist einer der Hauptvorteile der Query-Syntax.

Der Ausdruck im zweiten Generator darf die erste Iterationsvariable nutzen:

```
string[] fullNames =
  { "Anne Williams", "John Fred Smith", "Sue Green" };

IEnumerable<string> query =
  from fullName in fullNames
  from name in fullName.Split( )
  select name + " kommt von " + fullName;

Anne kommt von Anne Williams
Williams kommt von Anne Williams
John kommt von John Fred Smith
```

Das funktioniert, weil der Ausdruck `fullName.Split` eine *Sequenz* ausgibt (ein Array mit Strings).

Mehrere Generatoren werden sehr häufig in LINQ to SQL-Abfragen genutzt, um Eltern-Kind-Beziehungen flachzuklopfen und händische Verknüpfungen durchzuführen.

Verknüpfen

LINQ stellt *Verknüpfungsoperatoren* zur Verfügung, um Lookup-basierte Verknüpfungen durchführen zu können. Die Verknüpfungsoperatoren unterstützen nur einen Teil der Funktionalität, die Sie mit mehreren Generatoren/`SelectMany` erhalten, aber sie sind bei lokalen Abfragen schneller, da sie eine auf Hashtabellen basierende Lookup-Strategie nutzen, anstatt verschachtelte Schleifen zu verwenden. (Bei LINQ to SQL-Abfragen haben die Verknüpfungsoperatoren keinen Vorteil gegenüber mehreren Generatoren.)

Die Verknüpfungsoperatoren unterstützen nur Equi-Joins (das heißt, die Verknüpfungsbedingung muss den Gleichheitsoperator nutzen). Es gibt dabei zwei Methoden: `Join` und `GroupJoin`. `Join` erzeugt eine flache Ergebnismenge, während `GroupJoin` eine hierarchische Ergebnismenge liefert.

Die Syntax für einen flachen Join ist:

```
from äußere-Var in äußere-Sequenz
join innere-Var in innere-Sequenz
  on äußerer-Schlüssel equals innerer-Schlüssel
```

Nehmen wir zum Beispiel die folgenden Collections:

```
var customers = new[]
{
    new { ID = 1, Name = "Tom" },
    new { ID = 2, Name = "Dick" },
    new { ID = 3, Name = "Harry" }
};
var purchases = new[]
{
    new { CustomerID = 1, Product = "Haus" },
    new { CustomerID = 2, Product = "Boot" },
    new { CustomerID = 2, Product = "Auto" },
    new { CustomerID = 3, Product = "Urlaub" }
};
```

Damit können wir eine Verknüpfung wie folgt durchführen:

```
IEnumerable<string> query =
  from c in customers
  join p in purchases on c.ID equals p.CustomerID
  select c.Name + " hat gekauft: " + p.Product;
```

Der Compiler übersetzt das in:

```
customers.Join (                  // äußere Collection
  purchases,                      // innere Collection
  c => c.ID,                      // äußerer Schlüssel
  p => p.CustomerID,              // innerer Schlüssel
  (c, p) =>                       // Ergebnis-Selektor
     c.Name + " hat gekauft: " + p.Product
);
```

Und so sieht das Ergebnis aus:

```
Tom hat gekauft: Haus
Dick hat gekauft: Boot
Dick hat gekauft: Auto
Harry hat gekauft: Urlaub
```

Bei lokalen Sequenzen sind die Verknüpfungsoperatoren effizienter beim Verarbeiten großer Collections als `SelectMany`, weil sie zunächst die innere Sequenz in einen Schlüssel-Hashtable-basierten Lookup laden. Bei einer LINQ to SQL-Abfrage könnten Sie das gleiche Ergebnis genauso effizient erreichen, wenn Sie so vorgingen:

```
from c in customers
from p in purchases
where c.ID == p.CustomerID
select c.Name + " hat gekauft: " + p.Product;
```

GroupJoin

`GroupJoin` macht dasselbe wie `Join`, liefert aber keine flache Ergebnismenge zurück, sondern ein hierarchisches Ergebnis, das nach dem äußeren Element gruppiert wurde.

Die Syntax für `GroupJoin` ist die gleiche wie für `Join`, nur dass ihr das Schlüsselwort `into` folgt. Ein einfaches Beispiel mit den Collections `customers` und `purchases`, die wir im vorigen Abschnitt angelegt haben, sieht so aus:

```
IEnumerable<IEnumerable<Purchase>> query =
  from c in customers
  join p in purchases on c.ID equals p.CustomerID
  into custPurchases
  select custPurchases;   // custPurchases ist eine Sequenz
```

HINWEIS

Eine `into`-Klausel wird nur dann in einen `GroupJoin` umgewandelt, wenn sie direkt auf eine `join`-Klausel folgt. Nach einer `select`- oder `group`-Klausel bedeutet sie eine *Abfragefortsetzung*. Die zwei Anwendungsarten des Schlüsselworts `into` sind ziemlich verschieden, sie haben aber ein Feature gemeinsam: Beide führen eine neue Abfragevariable ein.

Das Ergebnis ist eine Sequenz mit Sequenzen, die wir wie folgt enumerieren könnten:

```
foreach (IEnumerable<Purchase> purchaseSequence in query)
  foreach (Purchase p in purchaseSequence)
    Console.WriteLine (p.Description);
```

Das ist natürlich nicht sehr nützlich, da outerSeq keine Referenz auf den äußeren Kunden enthält. Im Allgemeinen werden Sie die äußere Iterationsvariable in der Projektion referenzieren:

```
from c in customers
join p in purchases on c.ID equals p.CustomerID
into custPurchases
select new { CustName = c.Name, custPurchases };
```

Wir könnten das gleiche Ergebnis (allerdings für lokale Abfragen weniger effektiv) erreichen, indem wir in einen anonymen Typ projizieren, der eine Unterabfrage enthält:

```
from c in customers
select new
{
  CustName = c.Name,
  custPurchases =
    purchases.Where (p => c.ID == p.CustomerID)
}
```

Ordnen

Das Schlüsselwort orderby sortiert eine Sequenz. Sie können beliebig viele Ausdrücke angeben, nach denen sortiert werden soll:

```
string[] names = { "Tom","Dick","Harry","Mary","Jay" };

IEnumerable<string> query = from n in names
                            orderby n.Length, n
                            select n;
```

Damit wird zuerst nach der Länge und dann nach dem Namen sortiert, sodass das Ergebnis so aussieht:

```
Jay, Tom, Dick, Mary, Harry
```

Der Compiler übersetzt den ersten orderby-Ausdruck in einen Aufruf von OrderBy, die folgenden werden dann zu ThenBy umgewandelt:

```
IEnumerable<string> query = names
  .OrderBy (n => n.Length)
  .ThenBy (n => n)
```

Der Operator ThenBy *ergänzt* die vorige Sortierung, *ersetzt* sie aber nicht.

Sie können das Schlüsselwort descending in den orderby-Ausdrücken nutzen:

```
orderby n.Length descending, n
```

Das wird umgewandelt zu:

```
.OrderByDescending (n => n.Length).ThenBy (n => n)
```

HINWEIS

Die Ordnungsoperatoren liefern einen erweiterten Typ von IEnumerable<T> namens IOrderedEnumerable<T> zurück. Dieses Interface definiert die zusätzliche Funktionalität, die von den ThenBy-Operatoren benötigt wird.

Gruppieren

GroupBy arrangiert eine flache Eingabesequenz in Sequenzen aus *Gruppen*. So gruppiert zum Beispiel der folgende Code eine Sequenz aus Namen nach ihrer Länge:

```
string[] names = { "Tom","Dick","Harry","Mary","Jay" };

var query = from name in names
            group name by name.Length;
```

Der Compiler wandelt das um in:

```
IEnumerable<IGrouping<int,string>> query =
  names.GroupBy (name => name.Length);
```

So kann man das Ergebnis enumerieren:

```
foreach (IGrouping<int,string> grouping in query)
{
  Console.Write ("\r\n Länge=" + grouping.Key + ":");
  foreach (string name in grouping)
    Console.Write (" " + name);
```

```
}
```

```
Länge=3: Tom Jay
Länge=4: Dick Mary
Länge=5: Harry
```

`Enumerable.GroupBy` liest die Eingabeelemente in ein temporäres Dictionary mit Listen ein, sodass alle Elemente mit dem gleichen Schlüssel in der gleichen Unterliste landen. Dann gibt die Methode eine Sequenz aus *Gruppierungen* aus. Eine Gruppierung ist eine Sequenz mit einer Eigenschaft `Key`:

```
public interface IGrouping <TKey,TElement>
  : IEnumerable<TElement>, IEnumerable
{
  // Key gilt für die ganze Untersequenz.
  TKey Key { get; }
}
```

Standardmäßig handelt es sich bei den Elementen in jeder Gruppierung um die nicht transformierten Eingabeelemente, sofern Sie kein Argument `elementSelector` angeben. Durch den folgenden Code wird jedes Eingabeelement in Großbuchstaben umgewandelt:

```
from name in names
group name.ToUpper( ) by name.Length
```

was übersetzt wird in:

```
names.GroupBy (
  name => name.Length,
  name => name.ToUpper( ) )
```

Die Unter-Collections werden nicht in der Reihenfolge ihrer Schlüssel ausgegeben. `GroupBy` führt keine *Sortierung* durch (es behält sogar die ursprüngliche Reihenfolge bei). Um sortieren zu können, müssen Sie einen Operator `OrderBy` hinzufügen (was bedeutet, dass Sie zunächst eine `into`-Klausel anhängen müssen, da `group by` normalerweise eine Abfrage abschließt):

```
from name in names
group name.ToUpper( ) by name.Length
into grouping
orderby grouping.Key
select grouping
```

Abfragefortsetzungen werden häufig in einer Abfrage mit group by genutzt. Die nächste Abfrage filtert Gruppen heraus, die aus genau zwei Einträgen bestehen:

```
from name in names
group name.ToUpper( ) by name.Length
into grouping
where grouping.Count( ) == 2
select grouping
```

HINWEIS

Ein where nach einem group by entspricht HAVING in SQL. Es wird für jede Untersequenz oder Gruppierung als Ganzes angewendet, statt auf die einzelnen Elemente zu wirken.

OfType und Cast

OfType und Cast erwarten eine nicht-generische Collection IEnumerable und geben eine generische Sequenz IEnumerable<T> zurück, die Sie dann im Weiteren abfragen können:

```
var classicList = new System.Collections.ArrayList( );
classicList.AddRange ( new int[] { 3, 4, 5 } );
IEnumerable<int> sequence1 = classicList.Cast<int>( );
```

Das ist nützlich, da Sie damit Collections abfragen können, die vor C# 2.0 geschrieben wurden (als IEnumerable<T> ins Spiel kam), wie zum Beispiel ControlCollection in System.Windows.Forms.

Cast und OfType unterscheiden sich in ihrem Verhalten, wenn sie auf ein Eingabeelement treffen, dessen Typ nicht kompatibel ist: Cast wirft eine Exception, während OfType das inkompatible Element ignoriert.

Die Regeln der Elementkompatibilität entsprechen denen des is-Operators von C#. So sieht die interne Implementierung von Cast aus:

```
public static IEnumerable<TSource> Cast <TSource>
             (IEnumerable source)
{
  foreach (object element in source)
```

```
        yield return (TSource)element;
    }
```

C# unterstützt den Operator `Cast` in der Query-Syntax. Fügen Sie einfach direkt nach dem Schlüsselwort `from` den Element-Typ ein:

```
from int x in classicList
...
```

Das wird übersetzt in:

```
from x in classicList.Cast <int>()
...
```

Dynamische Typen (C# 4.0)

`dynamic` ist ein statischer Typ, der sich ähnlich verhält wie der Typ `object`. Wie `object`-Referenzen können `dynamic`-Referenzen Objekte beliebigen Typs festhalten bzw. können Referenzen beliebiger Typen implizit in `dynamic`-Referenzen umgewandelt werden:

```
object o = "static";
dynamic d = "dynamic";
```

Beide Referenzen halten zur Laufzeit einen String. Trotzden würde der Compiler beim Aufruf `o.Length` einen Fehler melden, da er statisch prüft, ob diese Operation vom Kompilierzeittyp unterstützt wird.

`dynamic` fordert den Compiler auf, seine statischen Prüfungen auszusetzen und die Laufzeitumgebung ermitteln zu lassen, was der entsprechende Aufruf bedeutet. `d.Length` wird problemlos kompiliert und (in diesem Fall) zur Laufzeit problemlos ausgeführt, weil der Laufzeittyp diese Operation unterstützt.

Auch bei `d.sort()` beschwert sich der Compiler nicht, da er keinerlei Prüfung der Operationen vornimmt, die Objekte des Typs `dynamic` einschließen. Zur Laufzeit wird dann allerdings eine Exception, genauer eine `RuntimeBinderException` ausgelöst, weil der Laufzeittyp `string` die entsprechende Operation nicht unterstützt. Man muss also genau zwischen dynamischem Kompilierungsverhalten und statischem Laufzeitverhalten differenzieren. Die statische Typisierung wird nicht aufgehoben, sondern nur aufgeschoben.

dynamic kann ohne explizite Umwandlung in andere Typen umgewandelt werden (was allerdings nicht als implizite Umwandlung betrachtet wird, sondern als eine so genannte Zuweisungsumwandlung). Nachfolgender Code kompiliert also, führt aber ebenfalls zu einer Exception:

```
int i = 1;
dynamic d = i; // implizite Umwandlung
string s = d;  // Zuweisungsumwandlung
```

WARNUNG

Verwechseln Sie dynamic nicht mit var. var dient der impliziten Typisierung und kann nur genutzt werden, wenn der Compiler aus dem Kontext den tatsächlichen statischen Typ ableiten kann. dynamic ein statischer Typ, der ein dynamisches Verhalten anfordert.

Der eigentliche Zweck von dynamic ist die Interaktion mit dynamischen Sprachen auf der .NET-Plattform, IronPython beispielsweise, und die Erleichterung der COM-Programmierung mit C#, die vor C# 4.0 durch die statische Typisierung erheblich komplizierter war als mit VB.NET. Es lässt sich aber auch mit gewöhnlichen C#-Typen nutzen.

Der Typ dynamic kann in Deklarationen als Typ von Eigenschaften, Feldern, Variablen, Rückgabewerten usw. und als Typ-Constraint generischer Typen erscheinen. Das Ergebnis von Operationen, die den Typ dynamic einschließen, ist in der Regel selbst dynamic und unterliegt damit der gleichen Zurückhaltung des Compilers.

Schauen wir uns anhand eines kleinen Beispiels an, wie dynamic die Möglichkeiten erweitert, die Sie in C# haben. Folgende Methode nutzt dynamic, um ein anonymes Objekt zurückzuliefern:

```
dynamic GetDynamic() {
    return new { Text = "The answer" };
}
```

Vom Aufrufer könnte sie folgendermaßen eingesetzt werden:

```
dynamic dynObject = GetDynamic();
dynObject.Text;
```

Das wäre vor C# 4.0 auf diese einfache Weise nicht möglich gewesen. Ein anonymes Objekt hätte nur über eine `object`-Referenz zurückgegeben werden können, und seine Member wären nur über Reflection zugänglich gewesen. `dynamic` spart uns diese Umstände.

Attribute

Sie sind schon darin geübt, Codeelemente eines Programms mit Modifikatoren zu versehen, wie zum Beispiel `virtual` oder `ref`. Diese Konstrukte sind in die Sprache eingebaut. *Attribute* sind ein Erweiterungsmechanismus, um Codeelementen (Assemblies, Typen, Membern, Rückgabewerten und Parametern) eigene Informationen hinzuzufügen. Diese Erweiterbarkeit ist für Services nützlich, die tief in das Typsystem eingebunden sind, ohne besondere Schlüsselwörter oder Konstrukte in C# erforderlich zu machen.

Ein gutes Szenario für Attribute ist die *Serialisierung* – der Prozess, eigene Objekte in ein bestimmtes Format umzuwandeln und sie wieder zurückzuholen. In diesem Szenario kann ein Attribut für ein Feld die Umsetzung zwischen der Repräsentation eines Felds in C# und der im Speicherformat definieren.

Attribut-Klassen

Ein Attribut wird durch eine Klasse definiert, die (direkt oder indirekt) von der abstrakten Klasse `System.Attribute` erbt. Um einem Codeelement ein Attribut zuzuweisen, geben Sie den Typnamen des Attributs vor dem Codeelement in eckigen Klammern an. So wird zum Beispiel durch die folgende Zeile der Klasse `Foo` das `ObsoleteAttribute` zugewiesen:

```
[ObsoleteAttribute]
public class Foo { ... }
```

Dieses Attribut wird vom Compiler erkannt und sorgt für Warnungen, wenn ein Typ oder Member, der als obsolet gekennzeichnet ist, verwendet wird. Die Konvention ist, alle Attribut-Typen mit dem Wort »Attribute« enden zu lassen. Das weiß C# und erlaubt Ihnen daher, das Suffix beim Zuweisen eines Attributs wegzulassen:

```
[Obsolete]
public class Foo { ... }
```

ObsoleteAttribute ist ein Typ, der im Namensraum System wie folgt definiert ist (aus Gründen der Übersichtlichkeit etwas vereinfacht):

```
public sealed class ObsoleteAttribute : Attribute
{ ... }
```

Benannte und Positionsparameter

Attribute können Parameter haben. Im folgenden Beispiel wenden wir das Attribut XmlElement auf eine Klasse an. Dieses Attribut teilt dem Modell System.Xml.Linq mit, wie ein Objekt in XML repräsentiert wird. Das Attribut XmlElement bietet eine Reihe von *Attributparametern* an. Das folgende Attribut bildet die Klasse CustomerEntity auf ein XML-Element namens Customer ab, das zum Namensraum http://oreilly.com gehört:

```
[XmlElement ("Customer", Namespace="http://oreilly.com")]
public class CustomerEntity { ... }
```

Attributparameter gehören zu einer von zwei Kategorien: positioniert und benannt. Im vorigen Beispiel ist das erste Argument ein Positionsparameter, das zweite ein benannter Parameter. Positionsparameter entsprechen den Parametern der öffentlichen Konstruktoren des Attribut-Typs. Benannte Parameter entsprechen öffentlichen Feldern oder öffentlichen Eigenschaften des Attribut-Typs.

Wenn Sie ein Attribut angeben, müssen Sie Positionsparameter angeben, die zu einem der Konstruktoren des Attributs passen. Benannte Parameter sind optional.

Attribut-Ziele

Das Ziel eines Attributs ist das Codeelement, vor dem es direkt steht – normalerweise ein Typ oder ein Typ-Member. Sie können Attribute aber auch einer Assembly zuweisen. Dafür müssen Sie das Attribut-Ziel explizit angeben.

Dies ist ein Beispiel für die Verwendung des Attributs CLSCompliant, um eine CLS-Konformität einer gesamten Assembly festzulegen:

```
[assembly:CLSCompliant(true)]
```

Angeben mehrerer Attribute

Es können mehrere Attribute für ein einzelnes Codeelement angegeben werden. Die Attribute können entweder in einem einzelnen Paar eckiger Klammern angegeben werden (getrennt durch Kommata) oder jeweils extra in eckigen Klammern (oder als Kombination aus beidem).

Die folgenden drei Beispiele sind semantisch identisch:

```
[Serializable, Obsolete, CLSCompliant(false)]
public class Bar {...}

[Serializable] [Obsolete] [CLSCompliant(false)]
public class Bar {...}

[Serializable, Obsolete]
[CLSCompliant(false)]
public class Bar {...}
```

Schreiben eigener Attribute

Sie können Ihre eigenen Attribute definieren, indem Sie von System.Attribute ableiten. So könnten wir zum Beispiel das folgende, eigene Attribut nutzen, um eine Methode zum Unit-Testing zu markieren:

```
[AttributeUsage (AttributeTargets.Method)]
public sealed class TestAttribute : Attribute
{
  public int     Repetitions;
  public string  FailureMessage;

  public TestAttribute () : this (1) { }
  public TestAttribute (int repetitions)
  {
```

```
        Repetitions = repetitions;
      }
    }
```

Und so ließe sich das Attribut dann anwenden:

```
    class Foo
    {
      [Test]
      public void Method1( ) { ... }

      [Test(20)]
      public void Method2( ) { ... }

      [Test(20, FailureMessage="Debugging!")]
      public void Method3( ) { ... }
    }
```

`AttributeUsage` ist selbst ein Attribut, das das Konstrukt (oder die Kombination von Konstrukten) kenntlich macht, auf die das eigene Attribut angewendet werden kann. Das Enum `AttributeTargets` enthält Member wie `Class`, `Method`, `Parameter` und `Constructor` (sowie `All`, das alle Ziele kombiniert).

Auslesen von Attributen zur Laufzeit

Es gibt zwei klassische Wege, Attribute zur Laufzeit auszulesen:

- Der Aufruf von `GetCustomAttributes` für ein `Type`- oder `MemberInfo`-Objekt.
- Der Aufruf von `Attribute.GetCustomAttribute` oder `Attribute.GetCustomAttributes`.

Diese beiden letzten Methoden sind überladen, damit ein beliebiges Reflection-Objekt übergeben werden kann, das zu einem gültigen Attribut-Ziel passt (`Type`, `Assembly`, `Module`, `MemberInfo` oder `ParameterInfo`).

So können wir jede Methode in der vorigen Klasse `Foo` enumerieren, die ein `TestAttribute` hat:

```
    foreach (MethodInfo mi in typeof (Foo).GetMethods( ))
    {
      TestAttribute att = (TestAttribute)
```

```
      Attribute.GetCustomAttribute
       (mi, typeof (TestAttribute));

    if (att != null)
      Console.WriteLine (
        "Methode {0} wird getestet; reps={1}; msg={2}",
        mi.Name, att.Repetitions, att.FailureMessage);
  }
```

Dies ist die Ausgabe:

```
Method Method1 wird getestet; reps=1; msg=
Method Method2 wird getestet; reps=20; msg=
Method Method3 wird getestet; reps=20; msg=Debugging!
```

Unsicherer Code und Zeiger

C# unterstützt die direkte Veränderung von Speicherinhalten durch Zeiger, die in als unsicher gekennzeichneten Codeblöcken genutzt werden und mit der Compiler-Option `/unsafe` kompiliert wurden. Zeigertypen werden vor allem aus Gründen der Interoperabilität mit C-APIs genutzt, sie können aber auch für den Zugriff auf Speicher außerhalb des verwalteten Heaps oder für performancekritische Hotspots verwendet werden.

Zeiger-Grundlagen

Für jeden Werte- oder Zeiger-Typ *V* gibt es einen entsprechenden Zeiger-Typ *V**. Eine Zeiger-Instanz enthält die Adresse eines Werts. Dabei wird davon ausgegangen, dass der Wert den Typ *V* hat, aber Zeiger-Typen können auch (unsicher) auf jeden anderen Zeiger-Typ gecastet werden.

Dies sind die wichtigsten Zeiger-Operatoren:

Operator	Bedeutung
`&`	Der *Adresse-von*-Operator liefert einen Zeiger auf die Adresse des Werts zurück.
`*`	Der *Dereferenzierungs*-Operator liefert den Wert an der Adresse eines Zeigers zurück.
`->`	Der *Zeiger-auf-Member*-Operator ist eine syntaktische Abkürzung: `x->y` ist äquivalent zu `(*x).y`.

Unsicherer Code

Indem Sie einen Typ, einen Typ-Member oder einen Anweisungsblock mit dem Schlüsselwort `unsafe` kennzeichnen, dürfen Sie innerhalb dieses Geltungsbereichs Zeiger-Typen nutzen und Zeiger-Operationen im C++-Stil auf Speicherbereichen durchführen. Hier ein Beispiel für die Verwendung von Zeigern, um eine Bitmap schnell zu verarbeiten:

```
unsafe void RedFilter(int[,] bitmap)
{
  int length = bitmap.Length;
  fixed (int* b = bitmap)
  {
    int* p = b;
    for(int i = 0; i < length; i++)
      *p++ &= 0xFF;
  }
}
```

Unsicherer Code kann schneller laufen als die entsprechende sichere Implementierung. In diesem Fall wäre eine verschachtelte Schleife mit Array-Indexierung und Prüfung der Array-Grenzen notwendig. Eine unsichere C#-Methode kann auch schneller sein als das Aufrufen einer externen C-Funktion, da es keinen Overhead gibt, der durch das Verlassen der verwalteten Ausführungsumgebung entsteht.

Die Anweisung fixed

Die Anweisung `fixed` ist notwendig, um ein verwaltetes Objekt »festzunageln«, wie zum Beispiel die Bitmap im vorigen Beispiel. Während der Ausführung eines Programms werden viele Objekte auf dem Heap angefordert und wieder freigegeben. Um eine unnötige Verschwendung und Fragmentierung von Speicher zu vermeiden, verschiebt der Garbage Collector Objekte. Das Zeigen auf ein Objekt ist aber nicht sinnvoll, wenn sich seine Adresse während des Referenzierens ändern kann, daher teilt die Anweisung `fixed` dem Garbage Collector mit, ein Objekt nicht zu verschieben. Das kann einen Einfluss auf die Laufzeiteffizienz haben, daher sollten feste Blöcke nur verwendet werden, wenn es notwendig ist. Zudem sollte man das Anfordern von Objekten auf dem Heap innerhalb eines festen Blocks vermeiden.

Innerhalb einer `fixed`-Anweisung können Sie einen Zeiger auf einen beliebigen Werte-Typ, ein Array mit Werte-Typen oder einen String erhalten. Bei Arrays und Strings wird der Zeiger auf das erste Element zeigen – einen Werte-Typ.

Bei Werte-Typen, die innerhalb von Referenz-Typen deklariert wurden, muss der Referenz-Typ »festgenagelt« werden:

```
class Test
{
  int x;
  static void Main( )
  {
    Test test = new Test( );
    unsafe
    {
       fixed (int* p = &test.x)  // test festmachen
       {
         *p = 9;
       }
       System.Console.WriteLine (test.x);
    }
  }
}
```

Der Zeiger-auf-Member-Operator

Neben den Operatoren & und * bietet C# auch den Operator -> im C++-Stil, der für Structs genutzt werden kann:

```
struct Test
{
  int x;
  unsafe static void Main( )
  {
    Test test = new Test( );
    Test* p = &test;
    p->x = 9;
    System.Console.WriteLine (test.x);
  }
}
```

Arrays

Das Schlüsselwort stackalloc

Speicher kann als Block auf dem Stack explizit mit dem Schlüsselwort `stackalloc` angefordert werden. Da er auf dem Stack angefordert wird, ist seine Lebenszeit auf die Ausführung der Methode beschränkt, so wie jede andere lokale Variable. Der Block kann den Operator [ ] nutzen, um auf Speicher indexiert zuzugreifen.

```
int* a = stackalloc int [10];
for (int i = 0; i < 10; ++i)
   Console.WriteLine(a[i]); // Speicher direkt ausgeben
```

Puffer fester Größe

Speicher kann in einem Block innerhalb eines Struct mithilfe des Schlüsselworts `fixed` angefordert werden:

```
unsafe struct UnsafeUnicodeString
{
  public short Length;
  public fixed byte Buffer[30];
}

unsafe class UnsafeClass
{
  private UnsafeUnicodeString uus;
  public UnsafeClass (string s)
  {
    uus.Length = (short)s.Length;
    fixed (byte* p = uus.Buffer)
      for (int i = 0; i < s.Length; i++)
        p[i] = (byte)s[i];
  }
}

class Test
{
  static void Main( )
   { new UnsafeClass ("Christian Troy"); }
}
```

Das Schlüsselwort fixed wird in diesem Beispiel auch genutzt, um das Objekt, das den Puffer enthält, auf dem Heap festzuhalten (dabei handelt es sich um die Instanz von UnsafeClass).

void*

Anstatt auf einen bestimmten Werte-Typ zu zeigen, trifft ein Zeiger keine Annahmen über den Typ der zugrunde liegenden Daten. Dieses Vorgehen ist nützlich, wenn man direkt mit dem Speicher arbeiten muss. Es existiert eine implizite Konvertierung von jedem Zeiger-Typ auf void*. Ein void* kann nicht dereferenziert werden, ebenfalls sind keine arithmetischen Operationen möglich:

```
class Test
{
  unsafe static void Main( )
  {
    short[ ] a = {1,1,2,3,5,8,13,21,34,55};
      fixed (short* p = a)
      {
        // sizeof liefert die Größe von Werte-Typen
        // in Byte zurück
        Zap (p, a.Length * sizeof (short));
      }
    foreach (short x in a)
      System.Console.WriteLine (x); // Gibt Nullen aus
  }

  unsafe static void Zap (void* memory, int byteCount)
  {
    byte* b = (byte*)memory;
      for (int i = 0; i < byteCount; i++)
        *b++ = 0;
  }
}
```

Zeiger auf nicht verwalteten Code

Zeiger sind auch nützlich, um auf Daten außerhalb des managed Heap zuzugreifen (wie zum Beispiel bei der Interaktion mit C-DLLs oder COM), oder beim Umgang mit Daten, die sich nicht im

Hauptspeicher befinden (beispielsweise Speicher auf der Grafikkarte oder ein Speichermedium in einem embedded System).

Präprozessor-Direktiven

Präprozessor-Direktiven versorgen den Compiler mit zusätzlichen Informationen über Codebereiche. Die am häufigsten verwendeten Präprozessor-Direktiven sind die bedingten Direktiven, die eine Möglichkeit bieten, Codebereiche beim Kompilieren auszuschließen oder mit zu berücksichtigen. Ein Beispiel:

```
#define DEBUG
class MyClass
{
  int x;
  void Foo( )
  {
    # if DEBUG
    Console.WriteLine("Test: x = {0}", x);
    # endif
  }
  ...
}
```

In dieser Klasse wird die Anweisung in Foo in Abhängigkeit davon kompiliert, ob das Symbol DEBUG vorhanden ist. Wenn wir es entfernen, wird die Anweisung nicht berücksichtigt. Präprozessor-Symbole können in einer Quelldatei definiert (wie wir es getan haben) oder dem Compiler über die Befehlszeilenoption /define: mitgegeben werden.

Bei den Direktiven #if und #elif können Sie die Operatoren ||, && und ! nutzen, um *oder-*, *und-* und *nicht*-Operationen mit mehreren Symbolen durchzuführen. Die folgende Direktive weist den Compiler an, den Code mit zu berücksichtigen, wenn das Symbol TESTMODE definiert ist, DEBUG aber nicht:

```
#if TESTMODE && !DEBUG
  ...
```

Denken Sie aber daran, dass Sie hier keinen normalen C#-Ausdruck verwenden und die Symbole, mit denen Sie umgehen, keinerlei Verbindung zu *Variablen* haben – weder zu statischen noch zu anderen.

Die Symbole `#error` und `#warning` verhindern unbeabsichtigte Fehlanwendungen von bedingten Direktiven, indem sie dafür sorgen, dass der Compiler eine Warnung oder einen Fehler ausgibt, falls es zu nicht erwünschten Kombinationen von Kompilierungssymbolen kommt.

Tabelle 15 führt alle Präprozessor-Direktiven und ihre Auswirkungen auf.

Tabelle 15: Präprozessor-Direktiven

Präprozessor-Direktive	Auswirkung
`#define` *`symbol`*	Definiert *`symbol`*.
`#undef` *`symbol`*	Entfernt *`symbol`*.
`#if` *`symbol`*	Code wird nur bedingt kompiliert.
`#else`	Führt Code bis zum nächsten `#endif` aus.
`#elif` *`symbol`*	Kombiniert `#else` mit `#if`.
`#endif`	Beendet eine bedingte Direktive.
`#warning` *`text`*	*`text`* erscheint als Warnung in der Ausgabe des Compilers.
`#error` *`text`*	*`text`* erscheint als Fehlermeldung in der Ausgabe des Compilers.
`#line [` *`number`* `["`*`file`*`"] | hidden]`	*`number`* legt die Zeile im Quellcode fest; *`file`* ist der Dateiname, der bei der Ausgabe erscheinen soll; `hidden` definiert, dass der Compiler Debugging-Informationen generieren soll.
`#region` *`name`*	Markiert den Beginn eines Abschnitts.
`#end` *`region`*	Ende eines Abschnitts.

Bedingte Attribute

Ein Attribut, das mit dem Attribut `Conditional` versehen ist, wird nur dann kompiliert, wenn ein angegebenes Präprozessor-Symbol vorhanden ist, zum Beispiel:

```
// file1.cs
#define DEBUG
using System;
```

```
using System.Diagnostics;

[Conditional("DEBUG")]
public class TestAttribute : Attribute {}

// file2.cs
#define DEBUG
[Test] class Foo
{
  [Test] string s;
}
```

Der Compiler wird die Attribute `[Test]` nicht einfügen, wenn das Symbol `DEBUG` nicht in der Datei *file2.cs* aktiv ist.

Pragma Warning

Der Compiler erzeugt eine Warnung, wenn er in Ihrem Code auf etwas stößt, das nicht gewollt aussieht. Anders als bei Fehlern halten Warnungen Ihre Anwendung normalerweise nicht davon ab, kompiliert zu werden.

Compiler-Warnungen können außerordentlich nützlich sein, wenn es darum geht, Fehler zu finden. Allerdings kann das auch zu Problemen führen, wenn Sie eine große Zahl von Warnungen erhalten. In einer großen Anwendung ist es wichtig, ein gutes Signal-Rausch-Verhältnis zu haben, damit die »echten« Warnungen nicht übersehen werden.

Daher erlaubt der Compiler Ihnen, ausgewählte Warnungen mit der Direktive `#pragma warning` zu unterdrücken. In diesem Beispiel weisen wir den Compiler an, uns nicht davor zu warnen, dass das Feld `Message` nicht verwendet wird:

```
public class Foo
{
  static void Main( ) { }

  #pragma warning disable 414
  static string Message = "Hello";
  #pragma warning restore 414
}
```

Lässt man die Zahl in der Direktive `#pragma warning` weg, werden alle Warnmeldungen deaktiviert beziehungsweise wieder aktiviert. Wenn Sie bei der Anwendung dieser Direktive sehr exakt vorgehen, können Sie mit dem Schalter `/warnaserror` kompilieren – damit wird dem Compiler mitgeteilt, dass er jede verbleibende Warnung als Fehler ansehen soll.

XML-Dokumentation

Ein *Dokumentationskommentar* ist ein Stück eingebettetes XML, das einen Typ oder einen Member dokumentiert. Ein Dokumentationskommentar steht direkt vor einer Deklaration des Typs oder Members und beginnt mit drei Schrägstrichen (Slashes):

```
/// <summary>Beendet eine laufende Abfrage.</summary>
public void Cancel( ) { ... }
```

Kommentare über mehrere Zeilen können entweder so geschrieben werden:

```
/// <summary>
/// Beendet eine laufende Abfrage.
/// </summary>
public void Cancel( ) { ... }
```

oder so (beachten Sie das zusätzliche Sternchen am Anfang):

```
/**
    <summary> Beendet eine laufende Abfrage. </summary>
*/
    public void Cancel( ) { ... }
```

Wenn Sie mit der Direktive `/doc` kompilieren, extrahiert der Compiler die Dokumentationskommentare und sammelt sie in einer einzelnen XML-Datei. Dabei gibt es zwei Hauptanwendungsfälle:

- Wenn sich die Datei im gleichen Ordner wie die kompilierte Assembly befindet, liest Visual Studio die XML-Datei automatisch ein und verwendet die Informationen, um Nutzern der Assembly per IntelliSense die Member anzuzeigen.
- Tools von Fremdherstellern können eine XML-Datei in eine HTML-Hilfsdatei umwandeln.

Standard-XML-Dokumentations-Tags

Dies sind die Standard-XML-Tags, die Visual Studio und Dokumentationsgeneratoren erkennen:

`<summary>`

`<summary>...</summary>`

Definiert den Tooltipp, den IntelliSense für den Typ oder Member anzeigen soll. Meist ein einzelner Satz oder eine Phrase.

`<remarks>`

`<remarks>...</remarks>`

Zusätzlicher Text, der den Typ oder Member beschreibt. Dokumentationsgeneratoren nehmen dieses Tag und nutzen den Text für die Beschreibung eines Typs oder Members.

`<param>`

`<param name="name">...</param>`

Erläutert einen Parameter einer Methode.

`<returns>`

`<returns>...</returns>`

Erläutert den Rückgabewert einer Methode.

`<exception>`

`<exception [cref="type"]>...</exception>`

Führt eine Exception auf, die eine Methode eventuell wirft (`cref` bezieht sich auf den Exception-Typ).

`<permission>`

`<permission [cref="type"]>...</permission>`

Gibt einen `IPermission`-Typ an, der vom dokumentierten Typ oder Member gebraucht wird.

`<example>`

`<example>...</example>`

Beschreibt ein Beispiel (das von Dokumentationsgeneratoren verwendet wird). Dazu gehören normalerweise sowohl beschreibender Text als auch Quellcode (der dann in den Tags `<c>` oder `<code>` steht).

`<c>`

```
<c>...</c>
```

Steht für einen Codeschnipsel innerhalb von Text. Dieses Tag wird meist in einem `<example>`-Block genutzt.

`<code>`

```
<code>...</code>
```

Steht für ein mehrzeiliges Codebeispiel. Dieses Tag wird meist in einem `<example>`-Block genutzt.

`<see>`

```
<see cref="member">...</see>
```

Fügt einen Verweis auf einen anderen Typ oder Member ein. HTML-Dokumentationsgeneratoren wandeln dies normalerweise in einen Hyperlink um. Der Compiler gibt eine Warnung aus, wenn der Name des Typs oder Members ungültig ist.

`<seealso>`

```
<seealso cref="member">...</seealso>
```

Verweis auf einen anderen Typ oder Member. Dokumentationsgeneratoren fügen den Text im Allgemeinen in einen separaten Abschnitt »See also« am Ende der Seite ein.

`<paramref>`

```
<paramref name="name"/>
```

Referenziert einen Parameter innerhalb eines `<summary>`- oder `<remarks>`-Tags.

`<list>`

```
<list type=[ bullet | number | table ]>
  <listheader>
    <term>...</term>
    <description>...</description>
  </listheader>
  <item>
    <term>...</term>
    <description>...</description>
  </item>
</list>
```

Weist Dokumentationsgeneratoren an, eine unnummerierte, nummerierte oder tabellenförmige Liste auszugeben.

`<para>`

`<para>...</para>`

Weist Dokumentationsgeneratoren an, den Inhalt in einem eigenen Absatz zu formatieren.

`<include>`

Bindet eine externe XML-Datei ein. Das `path`-Attribut definiert eine XPath-Abfrage, um auf ein bestimmtes Element in dieser Datei zu verweisen.

Überblick über das Framework

So gut wie alle Fähigkeiten des .NET Framework werden durch eine umfangreiche Sammlung gemanagter Typen bereitgestellt. Diese Typen sind in hierarchischen Namensräumen organisiert und in einer Reihe von Assemblies kombiniert, die zusammen mit der CLR die .NET-Plattform ausmachen.

Manche der .NET-Typen werden direkt von der CLR verwendet und dienen als Grundlage für die gemanagte Hosting-Umgebung. Diese Typen befinden sich in einer Assembly namens *mscorlib.dll* und enthalten die in C# eingebauten Typen, aber auch die grundlegenden Collection-Klassen und Typen für Stream-Verarbeitung, Serialisierung, Reflection, Threading und native Interoperabilität.

Eine Ebene darüber gibt es zusätzliche Typen, die die CLR mit Leben füllen – zum Beispiel XML, Netzwerkbehandlung und LINQ. Diese Typen befinden sich in *System.dll*, *System.Xml.dll* und *System.Core.dll* (neu in Framework 3.5), und zusammen mit *mscorlib* stellen sie eine umfangreiche Programmierumgebung bereit, auf der der Rest des Framework aufbaut.

Der Rest des .NET Framework besteht aus anwendungsorientierten APIs, die zum größten Teil in einen der drei folgenden Bereiche eingeordnet werden können:

- UI-Technologie
- Backend-Technologie
- Verteilte Systeme

Tabelle 16 zeigt die Geschichte der Kompatibilität zwischen den verschiedenen Versionen von C#, der CLR und dem .NET Framework. Interessanterweise wurde C# 3.0 auf eine neue Framework-Version ausgerichtet, während es die gleiche CLR-Version wie sein Vorgänger nutzt. Genauer gesagt: C# 3.0 ist auf eine *aktualisierte* Version der CLR 2.0 ausgerichtet, die als Teil des Framework 3.5 installiert wird. Dieses Update ist so ausgelegt, dass es mit bestehenden Anwendungen weiterläuft. Seit .NET 4.0 sind Framework-, CLR- und C#-Versionsnummer wieder synchron.

Tabelle 16: Versionen von C#, der CLR und des .NET Framework

C#-Version	CLR-Version	Framework-Versionen
1.0	1.0	1.0
1.1	1.1	1.1
2.0	2.0	2.0 3.0
3.0	2.0 (aktualisiert)	3.5
4.0	4.0	4.0

Das Basis-Framework

System-Typen

Die grundlegendsten Typen befinden sich direkt im Namensraum `System`. Dazu gehören die in C# eingebauten Typen, die Basisklasse `Exception`, die Basisklassen für `Enum`, `Array` und `Delegate` sowie für `Nullable` und `Type`. Der Namensraum `System` enthält darüber hinaus:

- `DateTime` zum Darstellen eines Datums und optional einer Uhrzeit,
- `DateTimeOffset` zum Darstellen eines `DateTime` + UTC-Offsets,
- `TimeSpan` für die Darstellung von Zeitspannen,
- `Guid` zum Repräsentieren einer eindeutigen GUID,
- `Math` (statisch) für das Durchführen mathematischer Funktionen,

- `Random` zum Erzeugen von Zufallszahlen,
- `Convert` und `BitConverter` für das Umwandeln zwischen verschiedenen Typen.

Der Namensraum `System` definiert weiterhin Standard-Interfaces wie `IDisposable`, `IFormattable` und `IComparable` (das Letztere stellt ein Standardprotokoll für Vergleiche beim Sortieren bereit).

Textverarbeitung

Der Namensraum `System.Text` enthält die Klasse `StringBuilder` (der editierbare oder *veränderbare* Verwandte von `string`) und die Typen zum Arbeiten mit Textkodierungen, wie zum Beispiel UTF-8 (`Encoding` und davon abgeleitete Typen).

`System.Text.RegularExpressions` enthält die Klasse `Regex` und Typen, mit denen fortgeschrittene musterbasierte Suchen-und-Ersetzen-Operationen durchgeführt werden können. Die Beispiele in LINQPad (*www.linqpad.net*) enthalten einen Abschnitt, der die Verwendung von regulären Ausdrücken demonstriert.

Collections

Das .NET Framework stellt eine Reihe von Klassen für das Verwalten von Collections mit Elementen bereit. Dazu gehören sowohl listenbasierte Strukturen, wie zum Beispiel `List<>` (wie ein *Array variabler Länge*), `Stack<>` und `LinkedList<>`, als auch Dictionary-basierte Strukturen wie `Dictionary<,>` (eine Hashtabelle) und `SortedDictionary<>` (ein Rot-Schwarz-Baum). Die Klassen arbeiten zusammen mit einer Reihe von Standard-Interfaces, die ihre Gemeinsamkeiten zusammenfassen: `IEnumerable<>`, `ICollection<>`, `IList<>` und `IDictionary<,>`. Alle Collection-Typen sind in den folgenden Namensräumen definiert:

```
System.Collections                 // nicht-generische
                                   // Collections
System.Collections.Generic         // generische Collections
System.Collections.Specialized
System.Collections.ObjectModel     // Grundlagen für
                                   // eigene Typen
```

HINWEIS

C# 3.0 in a Nutshell behandelt das Basis-Framework in den Kapiteln 5 bis 24 im Detail.

Abfragen

Die Typen für das Schreiben lokaler LINQ-Abfragen (wie in diesem Buch behandelt) liegen im Namensraum `System.Linq` (in der Assembly *System.Core.dll*). Das Framework stellt auch APIs zum Schreiben von LINQ-Abfragen an SQL-Tabellen (LINQ to SQL) und für XML-Dokumente im Arbeitsspeicher bereit:

```
System.Linq                 // grundlegende Infrastruktur
System.Xml.Linq             // LINQ to XML
System.Data.Linq            // LINQ to SQL
System.Linq.Expressions     // Erstellen von Ausdrücken
```

Sie finden Beispiele zur Verwendung von LINQ to SQL und LINQ to XML im LINQPad unter *www.linqpad.net*.

XML

XML wird im .NET Framework sehr viel eingesetzt und besitzt daher auch eine umfangreiche Unterstützung. LINQ to XML enthält ein leichtgewichtiges XML Document Object Model, das über LINQ aufgebaut und abgefragt werden kann. Das Framework stellt auch ein älteres, etwas »plumperes« W3C-kompatibles DOM bereit (`XmlDocument`) sowie Klassen, die XML-Schemas, Stylesheets und XPath unterstützen. Schließlich gibt es `XmlReader` und `XmlWriter`, bei denen es sich um schnelle Low-Level-XML-Reader/-Writer handelt, die nur vorwärts arbeiten können. Die XML-Namensräume sind:

```
System.Xml          // XmlReader, XmlWriter + altes W3C DOM
System.Xml.Linq     // LINQ to XML-DOM
System.Xml.Schema   // Unterstützung für XSD
System.Xml.XPath    // XPath-Abfragesprache
System.Xml.Xsl      // Stylesheet-Unterstützung
```

Das einfachste XML-DOM, mit dem man arbeiten kann, ist LINQ to XML (das gilt selbst dann, wenn Sie die LINQ-Operatoren nicht nutzen). Die LINQ to XML-API macht die W3C-kompatible API weitgehend überflüssig und verringert auch die Notwendigkeit, XPath und XSL nutzen zu müssen.

Das Framework enthält zudem eine durch Attribute gesteuerte XML-Serialisierungs-Engine in `System.Xml.Serialization`.

Streams und E/A

Das Framework stellt ein Stream-basiertes Modell für die Low-Level-Ein- und -Ausgabe bereit. Streams werden normalerweise genutzt, um direkt aus Dateien und Netzwerkverbindungen zu lesen und in sie zu schreiben. Sie können verkettet oder in Dekorierer-Streams verschachtelt werden, um Funktionen zum Komprimieren oder Verschlüsseln hinzuzufügen. Der Namensraum `System.IO` enthält die Low-Level-Stream-Typen (ausgehend vom abstrakten Typ `Stream`), Typen, um mit Dateien und Verzeichnissen zu arbeiten (`File`, `FileInfo`, `Directory`, `DirectoryInfo`, `DriveInfo` und `Path`), und solche für die isolierte Speicherung:

```
System.IO                    // Datei- und Stream-Typen
System.IO.Pipes              // Unterstützung f. Windows-Pipes
System.IO.Compression        // Komprimierungs-Streams
System.IO.IsolatedStorage // isolierte Speicher-Streams
```

Netzwerk

Sie können direkt auf Low-Level-Netzwerkprotokolle wie HTTP, FTP, TCP/IP und SMTP über die Typen in `System.Net` zugreifen:

```
System.Net
System.Net.Mail           // Mails per SMTP verschicken
System.Net.Sockets        // TCP, UDP und IP
```

Die Klasse `WebClient` ist ein Wrapper, der einen Großteil der clientseitigen Funktionalität für die Kommunikation per HTTP und FTP kapselt. Die Klasse `Socket` stellt einen direkten Zugriff auf TCP und UDP bereit.

Serialisierung

Das Framework stellt eine Reihe von Systemen zum Speichern und Einlesen von Objekten in einer binären oder Textrepräsentation bereit. Solche Systeme sind für verteilte Anwendungstechnologien notwendig, wie zum Beispiel Windows Communication Foundation (WCF), Web Services und Remoting. Auch zum Schreiben und Lesen von Objekten in/aus Dateien wird die Serialisierung benötigt. Insgesamt gibt es drei Serialisierungs-Engines:

Data-Contract-Serialisierungs-Engine
: Die modernste Engine, die implizit vom WCF genutzt wird. Diese Engine lässt sich ausgezeichnet für Interoperabilitätsnachrichten und die Serialisierung in XML-Dateien nutzen (insbesondere wenn Versionstoleranz oder das Aufrechterhalten von Shared-Object-Referenzen wichtig ist). Die Engine kann entweder nach XML oder in ein Binärformat serialisieren.

Binär-Serialisierungs-Engine
: Diese Engine ist mächtig, einfach zu verwenden und durch das .NET Framework gut unterstützt. Remoting nutzt die binäre Serialisierung – zum Beispiel bei der Kommunikation zwischen zwei Anwendungsdomänen im gleichen Prozess. Der Nachteil dieser Engine ist, dass sie die interne Struktur eines Typs eng mit dem Format der serialisierten Daten verknüpft und damit keine gute Versionstoleranz aufweist. Zudem kann sie nicht in einfache XML-Dateien serialisieren.

XML-Serialisierungs-Engine
: Diese Engine erzeugt *nur* XML-Dateien und ist weniger mächtig als die anderen Engines, wenn es um das Speichern und Einlesen komplexer Objektgraphen geht (sie kann keine Shared-Object-Referenzen wiederherstellen). Sie ist aber die flexibelste der drei Engines, wenn es um den Aufbau einer eigenen XML-Struktur geht. ASMX Web Services nutzt implizit die XML-Serialisierungs-Engine (Web Services, die per WCF implementiert wurden, greifen allerdings auf die Data-Contract-Engine zurück).

Die Typen, die die Data-Contract- und die binäre Engine unterstützen, befinden sich in `System.Runtime.Serialization`. Die attributgesteuerte XML-Serialisierungs-Engine befindet sich in `System.Xml.Serialization`.

Assemblies, Reflection und Attribute

Die Assemblies, in die die C#-Programme kompiliert werden, bestehen aus ausführbaren Anweisungen (abgelegt in der Intermediate Language oder IL) und Metadaten, die die Typen, Member und Attribute des Programms beschreiben. Per Reflection können Sie auf diese Metadaten zugreifen und zum Beispiel Attributinformationen auslesen, Typen und Member begutachten und Methoden dynamisch aufrufen. Mithilfe von `Reflection.Emit` können Sie neuen Code dynamisch erzeugen.

Die Typen, die für Reflection notwendig sind, finden Sie in den folgenden Namensräumen:

```
System
System.Reflection
System.Reflection.Emit
```

Das Tor zu einem Großteil der Reflection-Daten ist eine Klasse namens `Type` – Sie können eine Instanz davon über den C#-Operator `typeof` oder durch den Aufruf von `GetType( )` für eine Objekt-Instanz erhalten. Auf die meisten Assembly-bezogenen Daten können Sie über den Typ `Assembly` zugreifen.

Sicherheit

Das .NET Framework stellt eine eigene berechtigungsbasierte Sicherheitsebene bereit, die aus Code-Zugriffsschutz und rollenbasiertem Zugriffsschutz besteht. Der Code-Zugriffsschutz ermöglicht es Ihnen, einerseits eine Sandbox für andere Assemblies zu sein, andererseits aber auch selbst in einer Sandbox ausgeführt zu werden (und damit die Operationen einzuschränken, die durchgeführt werden können). Der zentrale Typ für die rollenbasierte Sicherheit ist `IPermission`.

```
System.Security
System.Security.Permissions
System.Security.Policy
```

Das Framework stellt auch Typen zur Verschlüsselung (symmetrisch und per öffentlichem Schlüssel), zum Hashing und zur Datensicherheit im Namensraum `System.Security.Cryptography` bereit.

Threading

Durch Multithreading können Sie Code parallel ausführen lassen. Dreh- und Angelpunkt dafür sind die Klasse `Thread` und die Synchronisierungskonstrukte wie zum Beispiel exklusive Sperren (unterstützt durch die C#-Anweisung `lock`). Einen frei verfügbaren, umfangreichen Artikel über Multithreading finden Sie online unter *www.albahari.com/threading*.

Alle Typen, die mit Threading zu tun haben, liegen im Namensraum `System.Threading`.

Anwendungsdomänen

Die CLR stellt innerhalb eines Prozesses eine zusätzliche Isolationsschicht bereit: eine *Anwendungsdomäne*. Ein .NET-Prozess läuft normalerweise in einer einzelnen, automatisch erzeugten Anwendungsdomäne. Das Erstellen weiterer Anwendungsdomänen im gleichen Prozess ist zum Beispiel nützlich für das Unit-Testing. Der Typ `AppDomain` ist im Namensraum `System` definiert und kapselt den Zugriff auf Anwendungsdomänen.

DLR (C# 4.0)

Die Dynamic Language Runtime dient der Unterstützung dynamischer Programmiersprachen auf der .NET-Plattform. Sie bietet auf der CLR aufsetzende Bibliotheken, die die Interaktion und Integration von dynamischen Sprachen und .NET erleichtern.

In C# kann sie bei der Arbeit mit dynamischen Objekten genutzt werden und erleichtert die Arbeit mit Technologien wie COM oder Strukturen wie HTML oder XML.

Native Interoperabilität

Sie können mit nativem und Win32-Code über das P/Invoke-System arbeiten. Die .NET Runtime ermöglicht es Ihnen, native Funktionen aufzurufen, Callbacks zu registrieren, Datenstrukturen abzubilden und mit nativen und COM-Datentypen zu arbeiten.

Der Namensraum, in dem sich die Unterstützung dafür findet, ist `System.Runtime.InteropServices`.

Diagnose

Das Framework stellt Logging- und Assertion-Möglichkeiten über die Klassen `Debug`, `Trace` und `TraceListener` in `System.Diagnostics` bereit. Zudem findet sich in diesem Namensraum die Klasse `Process`, mit der man mit anderen Prozessen interagieren kann, weiterhin Klassen zum Schreiben in das Windows-Ereignisprotokoll und Typen zum Lesen und Schreiben von Performancecountern für das Monitoring.

Benutzerschnittstellentechnologien

Das .NET Framework stellt drei APIs für Anwendungen bereit, die mit dem Benutzer interagieren:

ASP.NET (`System.Web.UI`*)*
: Zum Schreiben von Thin-Client-Anwendungen, die in einem Standard-Webbrowser laufen.

Windows Presentation Foundation (`System.Windows`*)*
: Zum Schreiben von Rich-Client-Anwendungen, die auf dem .NET Framework 3.0 aufsetzen.

Windows Forms (`System.Windows.Forms`*)*
: Zum Schreiben von Rich-Client-Anwendungen, die über die klassische Windows-API laufen, die von allen Versionen des .NET Framework unterstützt wird.

Im Allgemeinen entspricht eine Thin-Client-Anwendung einer Website; eine Rich-Client-Anwendung ist ein Programm, das der Endanwender herunterladen oder auf seinem Clientcomputer installieren muss.

ASP.NET

Anwendungen, die mit ASP.NET geschrieben werden, laufen auf dem Windows IIS und können mit so gut wie jedem Webbrowser angesprochen werden. Dies sind die Vorteile gegenüber der Rich-Client-Technologie:

- Kein Installationsaufwand auf der Clientseite.
- Clients müssen nicht auf einer Windows-Plattform laufen.
- Updates lassen sich einfach einspielen.

Und da das meiste von dem, was Sie in einer ASP.NET-Anwendung schreiben, auf dem Server läuft, können Sie Ihre Datenzugriffsschicht so entwerfen, dass sie in der gleichen Anwendungsdomäne läuft – ohne Sicherheitseinschränkungen oder Probleme bei der Skalierbarkeit. Im Gegensatz dazu ist ein Rich Client, der das Gleiche tut, nicht unbedingt genauso sicher oder skalierbar. (Die Lösung beim Rich Client ist, eine *Middle Tier* zwischen Client und Datenbank einzuschieben. Dieser läuft auf einem eigenen Anwendungsserver [häufig parallel zum Datenbankserver] und kommuniziert mit den Rich Clients per WCF, Web Services oder Remoting.)

Ein anderer Vorteil von ASP.NET ist, dass es ausgereift ist – es wurde schon mit der ersten Version von .NET eingeführt und ist seitdem mit jedem folgenden .NET-Release verbessert worden.

Die Grenzen von ASP.NET entsprechen größtenteils den Grenzen der Thin-Client-Systeme im Allgemeinen:

- Eine Webbrowser-Schnittstelle schränkt deutlich ein, was Sie tun können.
- Das Verwalten des Zustands auf dem Client – oder im Auftrag des Clients – ist mühsam.

Sie können die Interaktivität und das Antwortverhalten aber durch Client-Side-Scripting oder Technologien wie AJAX verbessern – siehe *http://ajax.asp.net/*.

Die Typen zum Schreiben von ASP.NET-Anwendungen finden sich in `System.Web.UI` und den darunterliegenden Namensräumen. Die Assembly ist *System.Web.dll*.

Windows Presentation Foundation

WPF ist eine Rich-Client-Technologie, die im Framework 3.0 neu eingeführt wurde. Das Framework 3.0 ist bei Windows Vista gleich mit installiert – und ist auch als eigener Download für Windows XP SP2 verfügbar. Dies sind seine Vorteile:

- Es unterstützt anspruchsvolle Grafiken, selbst definierte Transformationen, 3D-Rendering und echte Transparenz.
- Die Haupt-Messskala ist nicht pixelbasiert, daher werden Anwendungen bei jeder DPI-(Dots per Inch-)Einstellung korrekt angezeigt.
- Es bietet umfangreiche Unterstützung für dynamisches Layout – Sie können also eine Anwendung lokalisieren, ohne Gefahr zu laufen, dass sich Elemente überlappen.
- Das Rendern nutzt DirectX und ist schnell, wobei es einen großen Vorteil aus einer Hardwarebeschleunigung für die Grafikkarte zieht.
- Benutzerschnittstellen können deklarativ in XAML-Dateien beschrieben werden, die unabhängig von den »Code Behind«-Dateien verwaltet werden können – damit fällt es leichter, das Erscheinungsbild von der Funktionalität zu trennen.

Dies sind die Einschränkungen:

- Die Technologie ist noch nicht so ausgereift wie die von Windows Forms oder ASP.NET.
- Seine Größe und Komplexität sorgen für eine steile Lernkurve.
- Ihre Clients müssen unter Windows Vista laufen – oder unter Windows XP mit Framework 3.0 oder neuer.

Die Typen zum Schreiben von WPF-Anwendungen finden sich in `System.Windows` und den darunterliegenden Namensräumen (mit Ausnahme von `System.Windows.Forms`).

Windows Forms

Windows Forms ist eine Rich-Client-API, die – wie ASP.NET – so alt wie das .NET Framework ist. Verglichen mit WPF ist Windows

Forms eine recht einfache Technologie, die die meisten Features anbietet, die Sie beim Schreiben typischer Windows-Anwendungen benötigen. Sie ist zudem beim Warten von älteren Anwendungen immer noch sehr wichtig. Es gibt allerdings – im Vergleich zu WPF – einige Nachteile:

- Steuerelemente werden in Pixeln positioniert und dimensioniert, wodurch es schnell passieren kann, dass man Anwendungen schreibt, die auf Clients mit vom Standard abweichenden DPI-Einstellungen nicht mehr benutzbar sind.
- Die API zum Schreiben von eigenen Steuerelementen ist GDI+, das – wenn auch flexibel – beim Rendern großer Bereiche recht langsam ist (und ohne doppeltes Puffern furchtbar flackert).
- Steuerelemente unterstützen keine echte Transparenz.
- Es ist schwierig, ein dynamisches Layout zuverlässig hinzubekommen.

Der letzte Punkt ist der entscheidende, weshalb WPF gegenüber Windows Forms vorzuziehen ist – selbst wenn Sie eine Businessanwendung schreiben, die nur eine Benutzerschnittstelle benötigt und keine »User Experience«. Die Layoutelemente in WPF, wie zum Beispiel `Grid`, machen es recht einfach, Labels und Textfelder so zu arrangieren, dass sie immer richtig angeordnet sind – selbst nach dem Wechsel der Sprache aufgrund der Lokalisierung – ohne aufwendige Logik und ohne Flackern. Zudem müssen Sie sich nicht an der niedrigsten erwarteten Bildschirmauflösung orientieren – WPF-Layoutelemente wurden so entworfen, dass sie sich bei Größenänderungen ordentlich verhalten.

Andererseits ist Windows Forms recht einfach zu erlernen und bietet eine umfangreiche Unterstützung durch Steuerelemente von Fremdfirmen.

Die Typen zu Windows Forms finden sich in den Namensräumen `System.Windows.Forms` (in *System.Windows.Forms.dll*) und `System.Drawing` (in *System.Drawing.dll*). Letzterer enthält zudem die GDI+-Typen zum Zeichnen eigener Steuerelemente.

Backend-Technologien

ADO.NET

ADO.NET ist die gemanagte Datenzugriffs-API. Auch wenn der Name von ADO (ActiveX Data Objects) abgeleitet ist, unterscheiden sich die beiden Technologien deutlich. ADO.NET besteht aus zwei Hauptkomponenten:

Providerschicht
: Das Providermodell definiert Klassen und Interfaces für den Low-Level-Zugriff auf Datenbankprovider. Diese Interfaces kümmern sich um Verbindungen, Befehle, Adapter und Reader (Forward-Only-, Read-Only-Cursor auf einer Datenbank). Das Framework bietet schon eine direkte Unterstützung für den Microsoft SQL Server und Oracle und stellt zudem Provider für OLE DB und ODBC zur Verfügung.

DataSet-Modell
: Ein DataSet ist ein strukturierter Datencache. Es ist so etwas wie eine einfache Datenbank im Arbeitsspeicher, die SQL-Konstrukte wie Tabellen, Zeilen, Spalten, Beziehungen, Constraints und Sichten definiert. Indem Sie gegen einen Datencache programmieren, können Sie die Anzahl der Roundtrips zum Server reduzieren und damit die Skalierbarkeit des Servers und das Antwortverhalten des Rich Clients verbessern. DataSets sind serialisierbar und dazu gedacht, zwischen Client- und Serveranwendungen über das Netz verschickt zu werden.

LINQ to SQL sitzt auf der Providerschicht und nutzt die Connection- und Reader-Typen dieser Schicht. Mit LINQ to SQL müssen Sie SQL-Anweisungen nicht mehr manuell erstellen und parametrisieren. Dadurch verringern Sie den Codeumfang in der Datenzugriffsschicht einer Anwendung und verbessern die Typsicherheit. LINQ to SQL sorgt durch sein objektrelationales Mapping-System zudem dafür, dass Sie teilweise auf DataSets verzichten können. DataSets haben allerdings auch manche Vorteile, so lassen sich bei ihnen Zustandsänderungen in XML serialisieren (was manchmal bei Multi-Tier-Anwendungen nützlich sein kann). LINQ und DataSets können aber zusammenspielen – so können Sie zum Beispiel LINQ zum Ausführen von typsicheren Abfragen an DataSet-Objekte nutzen.

Windows Workflow

Windows Workflow ist ein Framework zum Modellieren und Verwalten von potenziell lang laufenden Geschäftsprozessen. Es ist eine Standard-Runtime-Bibliothek, die für Konsistenz und Interoperabilität sorgt. Workflow hilft auch dabei, den Coding-Aufwand für dynamisch kontrollierte Entscheidungsbäume zu reduzieren.

Es ist streng genommen keine Backend-Technologie – Sie können sie überall verwenden (ein Beispiel ist der Seitenverlauf im UI).

Workflow ist ein weiterer Teil der neuen Assemblies, die mit .NET Framework 3.0 dazugekommen sind, daher fördert es wie WPF Services, die Windows Vista oder Windows XP nach einer Installation des Framework 3.0 benötigen. Die Workflow-Typen sind im Namensraum `System.WorkFlow` und darunter enthalten.

COM+ und MSMQ

Das Framework ermöglicht es Ihnen, durch COM+ mit Services wie zum Beispiel verteilten Transaktionen zu interagieren. Die Typen liegen im Namensraum `System.EnterpriseServices`. Auch MSMQ (Microsoft Message Queuing) für ein asynchrones Nachrichtensystem wird unterstützt – die Typen finden sich in `System.Messaging`.

Technologien für verteilte Systeme

Windows Communication Foundation

Die WCF ist eine Kommunikationsinfrastruktur, die mit dem Framework 3.0 neu hinzugekommen ist. Die WCF ist flexibel und so konfigurierbar, dass beide Vorgängertechnologien – Remoting und (ASMX) Web Services – *größtenteils* überflüssig werden.

WCF, Remoting und Web Services ähneln sich alle darin, dass sie das folgende Modell implementieren, mit dem ein Client und eine Serveranwendung miteinander kommunizieren können:

- Auf dem Server legen Sie fest, welche Methoden die Clientanwendungen aufrufen können sollen.
- Auf dem Client definieren Sie (oder lassen ermitteln) die *Signaturen* der Servermethoden, die Sie aufrufen möchten.
- Auf dem Server und dem Client wählen Sie ein Transport- und Kommunikationsprotokoll (in WCF geschieht dies durch ein *Binding*).
- Der Client richtet eine Verbindung zum Server ein.
- Der Client ruft eine Remote-Methode auf, die transparent auf dem Server ausgeführt wird.

Die WCF entkoppelt zudem Client und Server durch Service Contracts und Data Contracts. Konzeptionell schickt der Client eine (XML)-Nachricht an einen Endpunkt eines Remote-*Service*, anstatt direkt eine Remote-Methode aufzurufen. Einer der Vorteile dieser Entkopplung ist, dass Clients nicht von der .NET-Plattform oder einem proprietären Kommunikationsprotokoll abhängen.

Die WCF ist sehr weit gehend konfigurierbar und stellt die umfangreichste Unterstützung für standardisierte Nachrichtenprotokolle bereit – einschließlich WS-*. Damit können Sie mit unterschiedlichster Software kommunizieren – auf verschiedenen Plattformen – und trotzdem fortgeschrittene Features wie Verschlüsselung unterstützen. Ein anderer Vorteil der WCF ist, dass Sie das Protokoll wechseln können, ohne andere Aspekte Ihres Clients oder der Serveranwendung ändern zu müssen.

Die Typen für die Kommunikation per WCF finden sich in `System.ServiceModel` und den darunterliegenden Namensräumen.

Remoting und (ASMX) Web Services

Remoting und ASMX Web Services sind die Vorgänger der WCF und durch ihre Einführung so gut wie überflüssig geworden – auch wenn Remoting eine Nische bei der Kommunikation zwischen Anwendungsdomänen im gleichen Prozess hat.

Die Funktionalität von Remoting ist auf eng gekoppelte Anwendungen ausgerichtet. Ein typisches Beispiel ist, dass Client und Server .NET-Anwendungen sind, die von der gleichen Firma stammen (oder von Firmen, die gemeinsame Assemblies nutzen). Bei der Kommunikation geht es typischerweise darum, potenziell komplexe eigene .NET-Objekte auszutauschen, die von der Remoting-Infrastruktur serialisiert und deserialisiert werden, ohne dass man eingreifen muss.

Die Funktionalität der ASMX Web Services ist auf lose gekoppelte Anwendungen oder solche im SOA-Stil ausgerichtet. Ein klassisches Beispiel ist ein Server, der einfache SOAP-basierte Nachrichten empfangen soll, die von Clients stammen, die unterschiedlichste Software einsetzen – auf verschiedenen Plattformen. Web Services können nur HTTP und SOAP als Transport- und Formatprotokolle nutzen. Die Anwendungen werden meist auf dem IIS gehostet. Die Vorteile der Interoperabilität werden auf Kosten der Performance gewonnen – eine Web Service-Anwendung ist meist langsamer als eine gut designte Remoting-Anwendung, sowohl bei der Ausführung als auch bei der Entwicklung.

Die Typen für Remoting finden sich in `System.Runtime.Remoting`, die für die Web Services in `System.Web.Services`.

CardSpace

CardSpace ist das letzte neue Element in .NET 3.0. Es ist ein Token-basiertes Authentifizierungs- und Identity-Verwaltungsprotokoll, das dazu gedacht ist, die Passwortverwaltung für Endanwender zu vereinfachen. CardSpace baut auf offenen XML-Standards auf, und die Teilnehmer können unabhängig von Microsoft agieren.

Bei CardSpace kann ein Benutzer mehrere Identitäten haben, die von dritter Seite verwaltet werden (dem *Identity Provider*). Wenn ein Anwender auf eine Ressource der Site X zugreifen will, authentifiziert er sich beim Identity Provider, der dann an die Site X ein

Token ausgibt. Damit vermeidet man, bei Site X ein Passwort angeben zu müssen, und verringert die Anzahl an Identitäten, die der Benutzer berücksichtigen muss.

WCF ermöglicht es Ihnen, eine CardSpace-Identität anzugeben, wenn Sie sich über einen sicheren HTTP-Kanal und die Typen in den Namensräumen `System.IdentityModel.Claims` und `System.IdentityModel.Policy` verbinden.

Index

Symbole

& (Ampersand)
  Adresse-von-Zeiger-Operator 201
  bitweiser Und-Operator 30, 35
  && bedingter Und-Operator 35
* (Asterisk)
  Dereferenzierungs-Zeiger-Operator 201
  Multiplikations-Operator 28
@ (At-Zeichen)
  Bezeichner-Präfix 12
! (Ausrufezeichen)
  Nicht-Operator 35
  != Ungleich-Operator 34, 161
\ (Backslash)
  Escape-Sequenz für 36, 38
  vor Escape-Sequenzen 36
^ (Dach)
  Exklusiv-Oder-Operator 30
: (Doppelpunkt)
  Ende einer Label-Anweisung 69
" (doppeltes Anführungszeichen)
  Escape-Sequenz für 36
  Rahmen für String-Literale 37
[] (eckige Klammern)
  Arrays indexieren 40
  in der Array-Deklaration 40
  Indexer 83
' (einfaches Anführungszeichen)
  Escape-Sequenz für 36
  Rahmen für Zeichen-Literale 36
? (Fragezeichen)
  Definieren nullbarer Typen 159
  ?: ternärer Bedingungs-Operator 36
  ?? Null-Verbindungsoperator 162
{} (geschweifte Klammern)
  Rahmen für Anweisungsblöcke 13, 63
= (Gleichheitszeichen)
  == Gleichheitsoperator 34, 161
  => in Lambda-Ausdrücken 140
> (Größer-Zeichen)
  Größer-als-Operator 161
  >= Größer-als-oder-Gleich-Operator 161
  >> Schiebe-Rechts-Operator 30

< (Kleiner-Zeichen)
Kleiner-als-Operator 161
<< Schiebe-Links-Operator 30
<= Kleiner-als-oder-Gleich-Operator 161
- (Minus-Zeichen)
Subtraktions-Operator 28
-- Dekrement-Operator 29
-= Entfernen von Delegate-Operanden 129
-> Zeiger-auf-Member-Operator 201, 203
+ (Plus-Zeichen)
Additions-Operator 28
Verkettungs-Operator 38
++ Inkrement-Operator 29
+= Kombinieren von Delegates 129
% (Prozent-Zeichen)
Rest-Operator 28
/ (Schrägstrich)
Divisions-Operator 28
// vor Kommentaren 14
/// Dokumentations-Kommentare 209
/* ... */ Rahmen für mehrzeilige Kommentare 14
/** ... */ Dokumentations-Kommentare 209
; (Semikolon)
Ende von Anweisungen 13
~ (Tilde)
Komplement-Operator 30
Präfix für Finalizer 86
| (vertikaler Strich)
Bitweiser Oder-Operator 30, 35
|| bedingter Oder-Operator 35

Numerisch

-0 (negative Null) Wert 31
8-Bit-Ganzzahl-Typen 31
16-Bit-Ganzzahl-Typen 31

A

Abfrageoperatoren, LINQ 171, 177 – 181
abgekürzte Operatoren 35
abgeleitete Klassen (siehe Subklassen)
abstract-Schlüsselwort 109
abstrakte Klassen 93
abstrakte Member von Klassen 93
Accessor 81, 82, 137
Action-Delegates 141
Additions-Operator (+) 28
ADO.NET 224
Adresse-von-Zeiger-Operator (&) 201
Aggregations-Operator, LINQ 174, 177, 180
Alert, Escape-Sequenz für 36
Alias für Typen und Namensräume 74
All-Operator, LINQ 174, 180
Ampersand (&)
Adresse-von-Zeiger-Operator 201
Bitweiser Und-Operator 30, 35
&& Bedingter Und-Operator 35
anonyme Methoden 144
anonyme Typen 169
Anweisungen 60
Ausdrucksanweisungen 61
Auswahlanweisungen 62 – 66
Deklarierungsanweisungen 61

Iterationsanweisungen 66
Sprunganweisungen 65, 68–70
über mehrere Zeilen 13
Anweisungsblöcke 13, 60, 63
Anwendungsdomänen 219
Any-Operator, LINQ 174, 180
AppDomain-Typ 219
Argumente 50–54
ArgumentException-Klasse 151
ArgumentNullException-Klasse 152
ArgumentOutOfRangeException-Klasse 152
arithmetische Operatoren 28, 59
Array-Initialisierungsausdruck 40, 43
Arrays 39–45
auf dem Stack anfordern 204
deklarieren 40
dynamisch erzeugen 40
Element-Typen für 41
enumerieren 40
implizit typisierte Arrays 44
in einer Struct anfordern 204
indexieren 40
initialisieren 40, 41, 43
kopieren 41
mehrdimensionale Arrays 42
Prüfen der Grenzen 45
rechteckige Arrays 42
sortieren 41
Standard-Werte für 41
suchen 41
ungleichförmige Arrays 43
Werte setzen und auslesen 41
as-Operator 59, 91
AsEnumerable-Operator, LINQ 181
ASMX Web Services 226
ASP.NET 220
AsQueryable-Operator, LINQ 181
Assemblies 10, 218
Assoziativität von Operatoren 56
Asterisk (*)
Dereferenzierungs-Zeiger-Operator 201
Multiplikations-Operator 28
At-Zeichen (@)
Präfix vor Bezeichnern 12
Attribute 197–201, 218
Attribute-Klasse 197
Ausdrücke 55–57
Ausdrucksanweisungen 61
Ausrufezeichen (!)
Nicht-Operator 35
!= Ungleich-Operator 34, 161
äußere Variablen, in Lambda-Ausdrücken 142
Auswahlanweisungen 62–66
automatische Eigenschaften 82
Average-Operator, LINQ 174, 180

B

Backend-Technologien 224
Backslash (\)
Escape-Sequenz für 36, 38
vor Escape-Sequenzen 36
Backspace, Escape-Sequenz für 36
base (Schlüsselwort) 95, 96
Basisklassen 89
Basisklassen-Constraint 121
Bedingte Direktiven 206
Bedingte Operatoren 35, 60
Bedingter Nicht-Operator (!) 35

Bedingter Oder-Operator (||) 35
Bedingter Und-Operator (&&) 35
benannte Parameter von Attributen 198
benannte und optionale Parameter 6, 49–50
  Auflösung von Methodenüberladungen 76
Benutzerschnittstellen-Technologien 220–223
berechnete Eigenschaften 82
Bezeichner 11–13
Bibliothek, erstellen 11
Binäre Operatoren 55
Binäre Serialisierungs-Engine 217
BitConverter-Typ 214
Bitweise Operatoren 30
Bitweiser Oder-Operator (|) 30, 35
Bitweiser Und-Operator (&) 30, 35
bool-Typ 15, 34
  nullbare Typen und 162
  Standardwert für 48
Boxing 98, 160
break-Anweisung 65, 68
byte-Typ 25

C

<c> XML-Tag 211
C# 4.0, neue Features von 5
Camel Case 11
CardSpace 227
Carriage Return, Escape-Sequenz für 37
case-Klausel 65
Cast-Operator, LINQ 180, 194
Casting 90
catch-Klausel 145, 147
char-Typ 36
  Konvertierungen in numerische Typen 37
  Standardwerte für 48
/checked Kompilierungs-Schalter 30
checked-Operator 29, 58
class-Constraint 121
Closure (Lambda-Ausdruck) 142
<code> XML-Tag 211
Collection-Initialisierungssyntax 126
Collections 214
COM+, Interoperabilität zu 225
CompareTo-Methode, Strings 38
Comprehension-Syntax 182–185
Concat-Operator, LINQ 175, 179
Conditional-Attribut 207
const-Schlüsselwort 84
Contains-Methode, Strings 39
Contains-Operator, LINQ 174, 180
continue-Anweisung 68
Convert-Typ 214
Copy-Methode, Arrays 41
Count-Operator, LINQ 174, 180
CreateInstance-Methode, Arrays 40
.cs-Dateiendung 10
csc.exe-Datei (Compiler) 10
Current-Eigenschaft, Enumeratoren 153

D

D-Suffix, numerische Literale 26
Dach (^)
  Exklusiv-Oder-Operator 30
Data-Contract-Serialisierungs-Engine 217

DataSet-Modell, ADO.NET 224
Daten-Member eines Typs 16
DateTime-Typ 213
DateTimeOffset-Typ 213
Debug-Klasse 220
decimal-Typ 25
  Konvertierungen von und nach 28
  Verwendung 32, 33
default-Schlüsselwort 120
DefaultIfEmpty-Operator, LINQ 180
#define (Direktive) 207
definitive Zuweisung 47
Deklarierungsanweisungen 61
Dekrement-Operator (--) 29
delegate-Schlüsselwort 144
Delegate-Typen, generische 130
Delegates 127 – 132
  Action-Delegates 141
  Func-Delegates 141
  Kovarianz und Kontravarianz 123
  Multicast-Fähigkeit 129
  Parameter-Kompatibilität 131
  Rückgabetyp-Kompatibilität 132
  Typ-Kompatibilität 131
  Verwendung von Plugin-Methoden 128
  Zuweisen von Instanz-Methoden 130
Dereferenzierungs-Zeiger-Operator (*) 201
Destruktoren (siehe Finalizer)
Diagnostik 220
Direktiven, Präprozessor 206 – 209
Distinct-Operator, LINQ 178
Divisions-Operator (/) 28, 29
.dll-Dateiendung (Bibliothek) 10
DLR (Dynamic Language Runtime) 219
do-while-Anweisung 66
/doc (Direktive) 209
Dokumentationskommentar 209 – 212
Domänen, Anwendung 219
Doppelpunkt (:)
  Ende von Label-Anweisungen 69
doppeltes Anführungszeichen (")
  Escape-Sequenz für 36
  Rahmen für String-Literale 37
double-Typ 25
  besondere Werte 31
  Verwendung 32, 33
Downcasting 91
dynamic-Typ 195
  vs. var 196
dynamische Operationen 5, 195 – 197
  dynamic-Typ 195
dynamische Typ-Prüfung 99

E

E/A (Eingabe/Ausgabe) 216
eckige Klammern []
  Arrays indexieren 40
  in der Array-Deklarierung 40
  Indexer 83
eigene Attribtue 199
eigene Typen 16 – 19
Eigenschaften 80 – 82
einfaches Anführungszeichen (')
  Escape-Sequenz für 36
  Rahmen für Zeichen-Literale 36

Eingabe/Ausgabe (E/A) 216
eingebaute Typen (siehe vordefinierte Typen)
eingefangene Variablen, in Lambda-Ausdrücken 142
Element-Operatoren, LINQ 173, 177, 179
ElementAt-Operator, LINQ 173, 180
ElementAtOrDefault-Operator, LINQ 173, 180
Elemente, LINQ 170
#elif (Direktive) 206, 207
#else (Direktive) 207
else-Klausel 63
Empty-Operator, LINQ 181
#end (Direktive) 207
#endif (Direktive) 207
EndWith-Methode, Strings 39
Enumeratoren 152 – 154
Enums 111 – 114
  Flag-Enums 113
  kombinieren 113
  Konvertierungen von und nach 112
  Operatoren 114
  Standardwerte 48
Equals-Methode 101
#error (Direktive) 207
Escape-Sequenzen 36
EventArgs-Klasse 135
Events 133 – 139
<example> XML-Tag 210
Except-Operator, LINQ 175, 179
<exception> XML-Tag 210
Exceptions 145
  fangen 147
  Standard-Exceptions 151
  System.Exception-Klasse 151
  weiterwerfen 150
  werfen 149
.exe-Dateiendung (Anwendung) 10
Exklusiv-Oder-Operator (^) 30
explizite Interface-Implementierung 108
explizite Konvertierungen 19, 166
Expression Trees 139
Extension-Methoden 167 – 169

F

F-Suffix, numerische Literale 26
false-Wert 34
Felder 74, 78
Filter-Operatoren, LINQ 177, 178
Finalize-Methode 86
Finalizer 86
finally-Klausel 145, 148
First-Operator, LINQ 173, 179
FirstOrDefault-Operator, LINQ 173, 179
fixed-Anweisung (Festhalten verwalteter Objekte) 202
fixed-Schlüsselwort (Puffer fester Größe anfordern) 204
Flags-Attribut (Enums) 113
float-Typ 25, 33
for-Anweisung 67
foreach-Anweisung 67
  Arrays enumerieren mit 40
  Enumeratoren für 153
Form Feed, Escape-Sequenz für 36
Fragezeichen (?)
  Definition nullbarer Typen 159

?: ternärer Bedingungsoperator 36
?? Null-Verbindungsoperator 162
from-Klausel, LINQ-Abfrage 183, 187 – 188
Func-Delegates 141
Funktionen
versiegeln 94
virtuelle 92
Funktions-Member eines Typs 16

G

Ganzzahlige Literale 25 – 27
Ganzzahlige Typen 24
8- und 16-Bit, implizitie Konvertierungen von 31
Division 29
Konvertierungen von und nach decimal-Typ 28
Konvertierungen von und nach Gleitkomma-Typen 27
Konvertierungen zwischen 27
Überlauf durch Operationen 29
Garbage Collector 46, 47
Generics 115, 116
Constraints 120 – 122
generische Collections 126
generische Delegate-Typen 130
generische Methoden 117
generische Parameter 118, 120 – 122
generische Typen 115, 120
Kovarianz und 122
Kovarianz und Kontravarianz 123 – 125
Selbstreferenzierung von 126
statische Daten und 126
Subclassing 125
typeof und 119
Generierungsoperatoren, LINQ 178, 181
geschweifte Klammern ({})
Rahmen um Anweisungsblöcke 13, 63
get-Accessoren 81, 82
GetCustomAttribute-Methode 200
GetCustomAttributes-Methode 200
GetHashCode-Methode 101
GetType-Methode 100
GetValue-Methode, Arrays 41
Gleichheitsoperator 34, 161, 165
Gleichheitszeichen (=)
== Gleichheitsoperator 34, 161
=> in Lambda-Ausdrücken 140
Gleitkommaliterale 25
Gleitkommatypen 25, 33
besondere Werte 31
Konvertierungen von und nach decimal-Typ 28
Konvertierungen von und nach Ganzzahlen 27
Konvertierungen zwischen 27
global:: (Qualifizierer) 73
globaler Namensraum 71
goto-Anweisung 65, 69
Groß- und Kleinschreibung von Bezeichnern 11
Groß- und Kleinschreibung von Strings, ändern 39
Größer-als-oder-Gleich-Operator (>=) 161
Größer-als-Operator (>) 161
Größer-Zeichen (>)
Größer-als-Operator 161

Größer-als-oder-Gleich-Operator (>=) 161
Schiebe-Rechts-Operator (>>) 30
group-Klausel, LINQ-Abfrage 183
GroupBy-Operator, LINQ 179, 192
GroupJoin-Operator, LINQ 179, 190
Gruppierungsoperatoren, LINQ 177, 179
Guid-Typ 213
Gültigkeit in Namensräumen 72
Gültigkeit von Variablen 61

H

Heap 46
Hexadezimale Zeichen, Escape-Sequenz für 37
Horizontal Tab, Escape-Sequenz für 37

I

IEnumerable-Interface 153
IEnumerator-Interface 153
#if (Direktive) 206, 207
if-Anweisung 63 – 64
implizit typisierte Arrays 44
implizit typisierte lokale Variablen 54
implizite Konvertierungen 19, 166
implizite parameterlose Konstruktoren 78
in-Modifizierer (Generics) 123
<include> XML-Tag 212
Indexer 83
IndexOf-Methode, Strings 39
IndexOutOfRangeException-Klasse 45
Infix-Notation 55
Inkrement-Operator (++) 29
InnerException-Eigenschaft, System.Exception 151
Insert-Methode, Strings 39
Instanz-Konstruktoren (siehe Konstruktoren)
Instanz-Member 18
Instanz-Methoden, Vorrang vor Extension-Methoden 168
Instanziierung 17
int-Typ 15, 24
interface-Constraint 121
Interfaces 106 – 111
erweitern 107
explizites Implementieren von Membern 108
Kovarianz und Kontravarianz 123
Reimplementieren in Subklassen 109
virtuelles Implementieren von Membern 109
internal (Zugriffsmodifikator) 82, 104
Intersect-Operator, LINQ 175, 179
into-Schlüsselwort, LINQ 186
InvalidCastException-Klasse 91, 99
InvalidOperationException-Klasse 152
is-Operator 59, 91
Iterationsanweisungen 66
Iteratoren 154 – 158

J

Join-Methode, Strings 39
Join-Operator, LINQ 178, 189

K

Klammern (siehe eckige Klammern)
Klassen 74
  abstrakte Klassen 93
  Basisklassen 89
  Deklaration von 74
  partielle Klassen 86
  statische Klassen 86
  Subklassen 89
  versiegeln 95
Kleiner-als-oder-Gleich-Operator (<=) 161
Kleiner-als-Operator (<) 161
Kleiner-Zeichen (<)
  Kleiner-als-oder-Gleich-Operator(<=) 161
  Kleiner-als-Operator 161
  Schiebe-Links-Operator (<<) 30
Kombinierte Zuweisungsoperatoren 56
Kommentare 14
Kommentare, XML-Dokumentation 209 – 212
Kompilieren 10
Kompilierungs-Warnungen 208
Komplementär-Operator (~) 30
Konstanten 84
Konstruktoren 17, 77 – 79
  Ausführung in Basisklassen 95
  für Structs 103
  nicht-öffentliche 78
  parameterlos 78, 96
  Reihenfolge der Feld-Initialisierung 96
  statisch 85
  überladen 77
kontextabhängige Schlüsselwörter 13
Kontravarianz 131
Konvertierungen 19
  char-Typ 37
  Dezimal-Typen 28
  Downcasting 91
  Enums 112
  explizite Konvertierungen 19, 166
  ganzzahlige Typen 27, 31
  Gleitkomma-Typen 27
  implizite Konvertierungen 19, 166
  nullbare Typen 160
  numerische Typen 27, 37
  Überladen 166
  Upcasting 90
Konvertierungsoperatoren, LINQ 176, 177, 180
Kovarianz 122, 132
Kovarianz und Kontravarianz 6, 123 – 125

L

L-Suffix, numerische Literale 26
label-Anweisung 69
Lambda-Ausdrücke 139 – 143
  Action-Delegates und 141
  Expression Trees für 139
  Func-Delegates und 141
  Parameter-Typen für 140
  Referenzierung äußerer Variablen 142
  Typermittlung 141
  Vergleich zur LINQ-Query-Syntax 184

Language Integrated Query (siehe LINQ)
Last-Operator, LINQ 173, 179
LastIndexOf-Methode, Strings 39
LastOrDefault-Operator, LINQ 173, 179
Leerraum, Strings hinzufügen und entfernen 39
Length-Eigenschaft, Arrays 40
let-Schlüsselwort, LINQ 185
#line (Direktive) 207
Links-assoziierte Operatoren 57
LINQ (Language Integrated Query) 170 – 175
  Abfragen 215
    Fortsetzung (into-Schlüsselwort) 186, 194
    gruppieren 192
    mehrere Generatoren 187 – 188
    ordnen 191
    schreiben 171 – 175
    Syntax 182 – 185
    verknüpfen 188 – 191
    verzögerte Ausführung 175
    von Collections vor C# 2.0 194
  Abfrageoperatoren 171, 177 – 181
  Unterabfragen 176
  Vergleich zur Lambda-Syntax 184
<list> XML-Tag 211
Literale 13
  Null-Literal 23
  numerische Literale 25 – 27
  String-Literale 37
  Werte 14
  Zeichen-Literale 36
lock-Anweisung 70
logische Operatoren 59
lokale Sequenzen, LINQ 171
lokale Variablen
  Gültigkeitsbereich 61
  implizit typisiert 54
long-Typ 25
LongCount-Operator, LINQ 180

M

M-Suffix, numerische Literale 26
Math-Typ 213
Max-Operator, LINQ 174, 180
mehrdimensionale Arrays 42
Member eines Typs 16
  anderen Klassen verfügbar machen 19
  Instanz-Member 18
  statische Member 18
Message-Eigenschaft, System.Exception 151
Methoden 75
  anonyme Methoden 144
  Extension-Methoden 167 – 169
  generische Methoden 117
  partielle Methoden 87
  Plugin-Methoden 128
  Rückgabewerte von 53
  Signatur von 75
  überladen 76, 97
  überschreiben 92
  virtuelle Methoden 92
  (siehe auch Argumente; Parameter)
Methodenaufruf-Ausdrücke 62
Microsoft Message Queuing (MSMQ) 225
Min-Operator, LINQ 174, 180

Minus-Zeichen (-)
Dekrement-Operator (--) 29
Entfernen von Delegate-Operanden (-=) 129
Subtraktions-Operator 28
Zeiger-auf-Member-Operator (->) 201, 203
MoveNext-Methode, Enumeratoren 153
MSMQ (Microsoft Message Queuing) 225
Multicast-Delegates 129
Multiplikations-Operator (*) 28
Multithreading 219

N

Naked-Type-Constraint 122
Namen (siehe Bezeichner)
Namensräume 70 – 74
namespace-Schlüsselwort 71
NaN-Wert (Not a Number) 31
native Interoperabilität 219
Negativ Null (-0) 31
Negativ unendlich 31
Netzwerkprotokolle 216
New Line, Escape-Sequenz für 37
new-Modifikator (Verbergen vererbter Member) 94
new-Operator (Instanziierung) 17, 58
nicht verwalteter Code, Zeiger auf 205
nicht-öffentliche Konstruktoren 78
Nicht-Operator (!) 35
Not a Number (NaN) 31
NotImplementedException-Klasse 152
NotSupportedException-Klasse 152
null, Escape-Sequenz für 36
null-Literal 23
Null-Verbindungsoperator (??) 162
Nullable<T>-Struct 159
nullbare Typen 158 – 163
Numerische Literale 25 – 27
Numerische Suffixe 26
Numerische Typen
Konvertierungen zwischen 27
Liste 24
Standardwerte 48
Nur lesbare Eigenschaften 81

O

object-Typ 97, 100
ObjectDisposedException-Klasse 152
Objekt-Instanziierungsausdrücke 62
Objekte festhalten 202
Objektinitialisierer 79
Oder-Operator, bedingter (||) 35
Oder-Operator, bitweiser (|) 30, 35
OfType-Operator, LINQ 180, 194
Operator-Funktionen (überladen) 164
operator-Schlüsselwort 164
Operatoren 13, 55, 56 – 60
Abfrageoperatoren, LINQ 171, 177 – 181
arithmetische Operatoren 28, 59
Assoziativität 56
bedingte Operatoren 35, 60

binäre Operatoren 55
bitweise Operatoren 30
Dekrement-Operator 29
für Enums 114
Gleichheitsoperatoren 34, 161, 165
Inkrement-Operator 29
kombinierte Zuweisungsoperatoren 56
Liste 57 – 60
logische Operatoren 59
Reihenfolge 56, 57 – 60
relationale Operatoren 59, 161
ternäre Operatoren 55
Überladen 163 – 167
übernommene, für nullbare Typen 160
unäre Operatoren 55, 58
Vergleichsoperatoren 35, 165
Zeiger-Operatoren 201
Zuweisungsoperatoren 60
OrderBy-Operator, LINQ 179, 191
OrderByDescending-Operator, LINQ 179, 192
Ordnungsoperatoren, LINQ 177, 179
out-Argument 52
out-Modifizierer (Generics) 123
OverflowException-Klasse 29
override-Modifikator 92

P

PadLeft-Methode, Strings 39
PadRight-Methode, Strings 39
<para> XML-Tag 212
<param> XML-Tag 210
Parameter von Attributen 198
Parameter von Methoden 48 – 54, 76
beliebige Anzahl ermöglichen 53
generische 118, 120 – 122
mehrere Rückgabewerte durch 53
parameterlose Konstruktoren 78, 96
Parameterloser-Konstruktor-Constraint 122
<paramref> XML-Tag 211
params-Modifikator 53
partielle Klassen 86
partielle Methoden 87
Pascal-Schreibweise 11
<permission> XML-Tag 210
Plugin-Methoden 128
Plus-Zeichen (+)
Additions-Operator 28
Inkrement-Operator (++) 29
Kombinieren von Delegates (+=) 129
Verkettungs-Operator 38
Polymorphismus 89
positionelle vs. benannte Parameter 50
Positionsparameter von Attributen 198
Positiv unendlich 31
#pragma warning (Direktive) 208
Präprozessor-Direktiven 206 – 209
primäre Ausdrücke 55
primitive Typen 17, 24
private (Zugriffsmodifikator) 82, 104
Projektionsoperatoren, LINQ 177, 178

protected (Zugriffsmodifikator) 104
protected internal (Zugriffsmodifikator) 104
Provider-Schicht, ADO.NET 224
Prozent-Zeichen (%)
Rest-Operator 28
Prüfen von Array-Grenzen 45
public (Zugriffsmodifikator) 19, 104, 107

Q

Quantifikatoren, LINQ 174, 177, 180
Query Comprehension Syntax 182 – 185

R

Random-Typ 214
Range-Operator, LINQ 181
readonly (Modifikator) 75
rechteckige Arrays 42
Rechts-assoziative Operatoren 57
ref-Parametermodifikator 52
ReferenceEquals-Methode 101
Referenz-Typen 20, 21
Array-Elemente als 41
genutzter Speicher 23
Gleichheit 34
Liste 24
Nullbarkeit 23
Standardwerte 48
Reflection 101, 218
Regex-Klasse 214
#region (Direktive) 207
Reihenfolge von Operatoren 56
relationale Operatoren 59, 161
relationale Operatoren (%) 28
<remarks> XML-Tag 210
Remoting 226
Remove-Methode, Strings 39
Repeat-Operator, LINQ 181
reservierte Wörter (siehe Schlüsselwörter)
Return, Escape-Sequenz für 37
return-Anweisung 69
<returns> XML-Tag 210
Reverse-Operator, LINQ 179
Rückgabewerte von Methoden 53
Rundungsfehler bei Gleitkommatypen 33

S

Satzzeichen 13
sbyte-Typ 24
Schiebe-Links-Operator (<<) 30
Schiebe-Rechts-Operator (>>) 30
Schleifenanweisungen (siehe Iterationsanweisungen)
Schlüsselwörter 11 – 13
Schrägstrich (/)
Divisions-Operator 28
Dokumentationskommentar (///) 209
Dokumentationskommentare (/** ... */) 209
Rahmen für mehrzeilige Kommentare (/* ... */) 14
vor Kommentaren (//) 14
Schreibung von Bezeichnern 11
sealed-Schlüsselwort 94
<see> XML-Tag 211
<seealso> XML-Tag 211
Selbstreferenzierende generische Deklarationen 126
select-Klausel, LINQ-Abfrage 183
Select-Operator, LINQ 172, 178

SelectMany-Operator, LINQ 178, 187
Semikolon (;)
  Ende von Anweisungen 13
SequenceEquals-Operator, LINQ 174, 180
Sequenzen erstellen 157
Sequenzen, LINQ 170
Serialisierung 197, 216
set-Accessors 81, 82
Set-Operatoren, LINQ 175, 177, 179
SetValue-Methode, Arrays 41
short-Typ 24
Sicherheit 218
Sichtbarkeitsmodifikatoren 104–106
Signatur einer Methode 75
Single-Operator, LINQ 173, 179
SingleOrDefault-Operator, LINQ 173, 179
sizeof-Operator 58
Skip-Operator, LINQ 173, 178
SkipWhile-Operator, LINQ 178
Sort-Methode, Arrays 41
Speicher
  auf dem Stack anfordern 204
  Bearbeitung (siehe Zeiger; unsicherer Code)
  Heap 46
  in einer Struct anfordern 204
  Stack 46
Split-Methode, Strings 39
Sprunganweisungen 65, 68–70
Stack 46
stackalloc-Schlüsselwort 58, 204
StackTrace-Eigenschaft, System.Exception 151
Standardwerte 48
Standardwerte für Methodenparameter 49
StartsWith-Methode, Strings 39
statische Klassen 86
statische Konstruktoren 85
statische Member 18
statische Typprüfung 99
Streams 216
String-Literale 37, 38
string-Typ 15, 37–39
StringBuilder-Typ 38, 214
struct-Constraint 121
struct-Schlüsselwort 20
Structs 102
  Interfaces implementieren 106
  Speicher innerhalb anfordern 204
Subklassen 89
Substring-Methode, Strings 39
Subtraktions-Operator (-) 28
Suchen in Arrays 41
Suchen in Strings 39
Suffixe, numerische 26
Sum-Operator, LINQ 180
<summary> XML-Tag 210
Superklassen (siehe Basisklassen)
switch-Anweisung 65
System-Namensraum 213
System.ArgumentException-Klasse 151
System.ArgumentNullException-Klasse 152
System.ArgumentOutOfRange-Exception-Klasse 152
System.Attribute-Klasse 197
System.Data.Linq-Namensraum 215
System.Diagnostics-Namensraum 220

System.Drawing-Namensraum 223
System.Dynamic-Namensraum 6
System.Exception-Klasse 151
System.IdentityModel-Namensraum 228
System.InvalidOperationException-Klasse 152
System.IO-Namensraum 216
System.Linq-Namensraum 215
System.Linq.Expressions-Namensraum 215
System.Messaging-Namensraum 225
System.Net-Namensraum 216
System.NotImplementedException-Klasse 152
System.NotSupportedException-Klasse 152
System.ObjectDisposedException-Klasse 152
System.Reflection-Namensraum 218
System.Runtime.InteropServices-Namensraum 220
System.Runtime.Remoting-Namensraum 227
System.Security-Namensraum 218
System.ServiceModel-Namensraum 226
System.Text-Namensraum 214
System.Text.RegularExpressions-Namensraum 214
System.Threading-Namensraum 219
System.Web.Services-Namensraum 227
System.Web.UI-Namensraum 220, 221
System.Windows-Namensraum 220, 222
System.Windows.Forms-Namensraum 220, 223
System.WorkFlow-Namensraum 225
System.Xml-Namensraum 215
System.Xml.Linq-Namensraum 215
System.Xml.Schema-Namensraum 215
System.Xml.XPath-Namensraum 215
System.Xml.Xsl-Namensraum 215
Systemtypen 213

T

T, generischer Parameter 119
Tabs, Escape-Sequenzen für 37
Take-Operator, LINQ 173, 178
TakeWhile-Operator, LINQ 178
Ternärer Bedingungsoperator (?:) 36
Ternärer Operator 55
Textbearbeitung 214
ThenBy-Operator, LINQ 179, 192
ThenByDescending-Operator, LINQ 179
this-Eigenschaft (Deklarieren eines Indexers) 83
this-Referenz 79
this-Schlüsselwort (Aufruf eines anderen Konstruktors) 77
Thread-Klasse 219
Threading 219

throw-Anweisung 70
Tilde (~)
  Komplementär-Operator 30
  Präfix vor dem Finalizer 86
TimeSpan-Typ 213
ToArray-Operator, LINQ 181
ToDictionary-Operator, LINQ 181
ToList-Operator, LINQ 176, 181
ToLookup-Operator, LINQ 181
ToLower-Methode, Strings 39
ToString-Methode 102
ToUpper-Method, Strings 39
Trace-Klasse 220
TraceListener-Klasse 220
Trim-Methode, Strings 39
TrimEnd-Methode, Strings 39
TrimStart-Methode, Strings 39
true-Wert 34
try-Anweisung 144 – 149
Typen 14
  Aliase 74
  dynamische 195
  eigene Typen 16 – 19
  eingebettete 114
  generische Typen 115, 120
  Kategorien 20
  Konvertierungen zwischen (siehe Konvertierungen)
  Member 16
  numerische Typen 24, 27, 48
  primitive Typen 17, 24
  Referenz-Typen (siehe Referenz-Typen)
  System-Typen 213
  vordefinierte Typen 15, 17, 24
  Werte-Typen (siehe Werte-Typen)
  (siehe auch Klassen)
typeof-Operator 58, 100, 119
Typermittlung numerischer Literale 26
Typprüfung 99

U

U-Suffix, numerische Literale 26
Übergeben von Argumenten als Referenz 52, 53, 76
Übergeben von Argumenten als Wert 50, 76
Überladen von Konstruktoren 77
Überladen von Methoden 76, 97
Überladen von Operatoren 163 – 167
Überläufe bei ganzzahligen Typen 29
Überlaufsprüfungs-Operatoren 29
Übernommene Operatoren (nullbare Typen) 160
uint-Typ 25
ulong-Typ 25
unäre Operatoren 55, 58
Unboxing 98, 160
unchecked-Operator 30, 58
Und-Operator, bedingter (&&) 35
Und-Operator, bitweiser (&) 30, 35
#undef (Direktive) 207
Unendlich, besonderer Wert 31
Ungleich-Operator (!=) 34, 161
ungleichförmige Arrays 43
Uninitialisierte Variablen 47
Union-Operator, LINQ 175, 179
unsafe-Schlüsselwort 202
unsicherer Code 201, 202
Upcasting 90

ushort-Typ 25
using-Anweisung (Nutzen von IDisposable) 149
using-Direktive (Importieren des Namensraums) 72

V

var-Schlüsselwort 44, 54
Variablen 14, 45
  Gültigkeitsbereich 61
  implizit typisiert 54
Verbergen geerbter Member 93
Verbergen von Namen (Namensräume) 73
vererbte Member, verbergen 93
Vererbung 88
Vergleich von Strings 38
Vergleichsoperatoren 35, 165
Verketten von Extension-Methoden 168
Verketten von Strings 38
Verknüpfungsoperatoren, LINQ 177, 178, 188–191
verschachtelte Typen 114
Version 3.0, neue Features 5
Verteilte Systeme 225–228
Vertical Tab, Escape-Sequenz für 37
Vertikale Linie (|)
  bedingter Oder-Operator (||) 35
  bitweiser Oder-Operator 30, 35
virtual-Schlüsselwort 92, 109
virtuelle Methoden 92
void*-Schlüsselwort 205
void-Ausdrücke 56
vordefinierte Typen 15, 17, 24

W

#warning (Direktive) 207
Warnungen 208
WCF (Windows Communication Foundation) 225
WebClient-Klasse 216
Werte 14
  (siehe auch Literale)
Werte-Typen 20
  Array-Elemente als 41
  Darstellen von Null-Werten (siehe nullbare Typen)
  Gleichheit von 34
  Liste von 24
  Nullbarkeit von 23
  Speicher 23
Where-Operator, LINQ 171, 178
while-Anweisung 66
Windows Communication Foundation (WCF) 225
Windows Forms 220, 222
Windows Presentation Foundation (WPF) 220, 222
Windows Workflow 225
WPF (Windows Presentation Foundation) 220, 222

X

XML 215
XML-Dokumentation 209–212, 215
XML-Serialisierungs-Engine 217

Y

yield break-Anweisung 156
yield-Rückgabeanweisung 155, 156

Z

Zeichen, Escape-Sequenzen für 36
Zeichen-Literale 36
Zeiger 201 – 206
Zeiger-auf-Member-Operator (->) 201, 203
Zeiger-Operatoren 201
Ziel von Attributen 198
Zugriffsbeschränkung 105
Zugriffsmodifikatoren 104 – 106
Zuweisungsausdrücke 56, 62
Zuweisungsoperatoren 60